长街文史

台州市路桥区十里长街振兴工作领导小组办公室
台州市路桥区作家协会
编撰

上海三联书店

路桥十里长街文化丛书

本册主编：李　异　管彦达

摄　　影：张崇生　陈建国等

总　序

　　路桥十里长街，发轫于东汉，肇兴于两宋，繁盛于明清。全街包含河西街、邮亭街、路北街、路南街、下里街、新路街、石曲街等七个街区，总长近五公里。斗式木楼依河而建，百姓傍水而居，河上石桥相望，街中杰阁峥嵘，商铺林立，里巷通幽，颇具江南水乡韵味，是浙江省级历史文化保护街区。

　　岁月流淌，十里长街积淀了丰厚的文化根基。早在东汉时期，这里就设有邮亭，成为交通要冲；东晋大书法家王羲之游历浙东，在此留下墨池遗迹；五代吴越王钱镠下令开凿南官河，大镇始肇；宋代在新安桥附近设场务，路桥地名始载典籍，北宋至南宋，"人物渐繁，商贾渐盛"，逐渐形成今天的规模；晚清民国时期，长街进入鼎盛阶段，南官河上，货船拥塞，市井巷弄，万商云集，成为浙东南著名商埠。

　　十里长街历史名人辈出，北宋高道范锜、南宋名绅赵处温、元末方国珍家族、明代《永乐大典》参修包彝古、"一门天宠"李旦、抗倭义士蔡德懋、清代地理学者李诚、御史杨晨、民国"垦荒模范"王志千、著名药学家於达望、当代书法家任政等，都出生或者曾经生活在十里长街。

　　市井商贸的繁荣催动了浓郁的人间烟火味，民间曲艺、手工艺等非物质文化遗产与特色美食小吃为长街带来了丰富多样的民俗底蕴，生动的故事和高雅的诗歌则赋予长街鲜活的美学魅力。

为全面挖掘和展现十里长街历史文化，服务长街振兴工作，路桥十里长街振兴工作办公室联合路桥区作家协会，推出《路桥十里长街文化丛书》。

本丛书共分为四本，取十里长街历史文化之精华，系统性地介绍了十里长街的人文历史、风景名胜、民俗非遗、诗词歌赋、民间故事、美食小吃等，集趣味性、艺术性、思想性于一体，图文并茂，雅俗共赏。

十里长街，是路桥千年商都的文明缩影，镌刻着路桥人民的乡愁记忆，也是路桥最具文化标识的"金名片"。编纂《路桥十里长街文化丛书》，对于挖掘、保护和传承十里长街历史文化意义重大。希望这套丛书能让人们了解十里长街的过去，留住乡愁，并对长街的未来产生积极影响。

是为序。

本书编委会
二〇二四年十二月

目 录
CONTENTS

绪　章

十里长街肇兴记事　　　　　　　　　　/ 001

十里长街回忆录　　　　　　　　　　　/ 015

秀挹新安近水楼——漫说南官河

从一条有诗意的河开始　　　　　　　　/ 024

朱子祠　　　　　　　　　　　　　　　/ 026

十里长街有十里吗？　　　　　　　　　/ 028

南官河在长街的三个化名　　　　　　　/ 030

两个"月河诗社"　　　　　　　　　　/ 031

内河航运和快船埠头　　　　　　　　　/ 038

路桥镇城之山——人峰山　　　　　　　/ 041

三次迁址的隋代古刹普泽寺　　　　　　/ 045

百路千桥万家市——长街商贸市井

从新安镇到路桥镇 / 050

十里长街兴于一座寺院？ / 055

名流云集的宋韵古寺 / 057

晚清民国时的十里长街 / 060

三八路桥市 / 063

长街老巷 / 064

长街老字号趣谈 / 065

同业公会与商会 / 073

民国长街的基础设施建设 / 077

店铺学徒习俗 / 079

义利兼容的长街商人 / 081

十里长街的三次"劫难" / 085

十里街分五道桥——长街名胜古迹

长街名胜古迹 / 090

杨晨故居 / 092

邮亭与中镇庙 / 093

亦乐园 / 094

东岳庙 / 094

东岳庙庙会 / 095

关庙 / 096

宾兴祠 / 097

雄镇庙 / 099

王羲之墨池 / 099

普明织物厂原址 / 100

街心公园 / 101

善福堂 / 102

陡门宫 / 102

文昌阁（附：长街其他文教机构） / 103

敦说楼 / 108

南栅庙 / 109

河东庙 / 109

日龙宫 / 109

济急堂 / 110

是亦园 / 110

方庚甫炮台 / 111

长街名桥 / 111

得胜桥 / 112

马铺桥 / 113

栅泾桥 / 113

虹桥 / 114

河东段上桥梁 / 114

福星桥 / 115

中镇桥 / 115

涌金桥 / 115

老马路桥 / 116

新安桥 / 116

卖芝桥 / 117

松友桥 / 117

三星桥（磨石桥） / 118

塘桥 / 118

石路窟桥 / 119

四衢桥 / 119

南官河游船 / 119

花下楼台月下门——长街望族民居

蔡家 / 125

於家 / 127

刘家 / 128

杨家 / 129

谢家 / 130

王家 / 131

李家 / 132

郏家 / 132

方家 / 133

乔家　　　　　　　　　　　　　／ 134

徐家　　　　　　　　　　　　　／ 134

张家　　　　　　　　　　　　　／ 135

朱家　　　　　　　　　　　　　／ 136

大亨里　　　　　　　　　　　　／ 136

杰阁峥嵘傍斗杓——长街历史名人

委羽真人范锜　　　　　　　　　／ 140

"风尘才女"严蕊　　　　　　　　／ 141

仁义清官刘允济　　　　　　　　／ 142

乡绅典范赵处温　　　　　　　　／ 143

越国公方国璋　　　　　　　　　／ 145

东海枭雄方国珍　　　　　　　　／ 146

方家群雄谱：方国瑛、方国珉、

方明善、方礼、方关、方行　　／ 148

抗倭先驱方明谦　　　　　　　　／ 151

仁心知县於仲完　　　　　　　　／ 153

《永乐大典》参修包彝古　　　　／ 153

急公好义蔡庆映　　　　　　　　／ 154

"一门天宠"李匡　　　　　　　　／ 154

抗瘟英雄全俨　　　　　　　　　／ 155

果敢义官刘致中　　　　　　　　／ 155

勤学太守赵崇贤　　　　　　　　　/ 157

滑稽才子蔡荣名　　　　　　　　　/ 158

抗倭义士蔡德懋　　　　　　　　　/ 158

"台州首富"蔡克谨　　　　　　　　/ 159

地理学者李诚　　　　　　　　　　/ 160

"悲情夫妇"蔡涛、王玉贞　　　　　/ 161

乡贤达人杨友声　　　　　　　　　/ 163

云骑尉蔡捷三　　　　　　　　　　/ 163

教谕名士蔡篪　　　　　　　　　　/ 163

御史杨晨　　　　　　　　　　　　/ 164

"月河祭酒"任重　　　　　　　　　/ 166

爱国华侨管震民　　　　　　　　　/ 166

辛亥义士蔡仲初　　　　　　　　　/ 167

"中国第一号药师"於达望　　　　　/ 167

"爱国议长"杨绍翰　　　　　　　　/ 168

亦乐诗人谢士骏　　　　　　　　　/ 169

"廉洁中将"於达　　　　　　　　　/ 170

"垦荒模范"王志千　　　　　　　　/ 171

革命先驱林泗斋　　　　　　　　　/ 172

民族实业家郏道生、郏寿生　　　　/ 174

金融学家徐钓溪　　　　　　　　　/ 175

"首任区委书记"叶勉秀　　　　　　/ 176

书法家任政　　　　　　　　　　　/ 177

化工大王刘治雄 / 177

抗日英烈刘望吾 / 178

资深编辑郑曼 / 180

宝树楼前分绣幕——长街非遗采撷

章氏骨伤疗法 / 185

路桥灰雕 / 186

手工戏服 / 187

路桥剪纸 / 189

路桥圆木加工技艺 / 190

白曲酒酿造技艺 / 191

路桥布贴画 / 192

镴器制作技艺 / 193

路桥莲花 / 193

路桥鼓词 / 195

路桥花鼓 / 196

方礼改编"凤阳花鼓" / 197

路桥道情 / 198

道士戏 / 200

唱宝卷 / 201

路桥讲书 / 202

路桥乱弹 / 203

路桥顺口溜 / 205

此间风物最相宜人——长街民俗风情

岁时节令习俗 / 208

礼仪习俗 / 218

千秋名共鹭河留——长街红色文化

药业风云——路桥药业工人大罢工 / 226

小木年毛巾厂——中共路桥区委诞生地 / 229

浙江省文化界抗敌协会黄岩分会 / 229

温台沿海护航委员会 / 230

中共椒路工委与椒南工委 / 230

路中学生抗暴反贪斗争 / 231

女声社 / 232

路桥革命进步报刊 / 233

路桥解放 / 234

杨家部队 / 235

后记 / 236

绪
章

十里长街肇兴记事

○ 管彦达 整理

　　有史以来，就有地名。路桥之前称新安。有地方史家揣摩"新安"之名始于东汉。刘秀推翻王莽统治，建立东汉政权，希望治下早日平安，当时全国有许多地方起名新安。浙西、浙东都有，浙东的新安就是我们这里，这似乎是一种时尚潮流。

　　在路桥十里长街北端，存有古邮亭。黄岩《旧志》称："秦法十里一亭，亭有长；唐制三十里一驿，驿有将。此即古置邮传命乎邑，南北为瓯越通衢而东抵海门，插羽披星递送，络绎不绝。"说明汉、唐时海门邮驿之盛。邮与驿的名称是有差别的：汉朝时候专门用"邮"来称呼那些短途的步行传令（书）方式，管理这种短途步行投递公文书信的机构称为"邮亭"。《汉旧仪》载："十里一亭，五里一邮。"邮亭的信差，在两邮中间接力。魏晋南北朝时期，"传"和"亭"逐渐统一为驿站制度。隋唐时，"驿"代替了所有的"邮""亭""传"。因此黄岩地方史学者陈顺利认为：路桥的"邮亭"在东汉时期设立（如果是东汉后设立则称"驿"），是有道理

的。邮亭的设立，为新安的肇兴起到关键作用。

正因为有邮道存在，故汉代梅福就沿着邮道来到境内，隐居于梅屿（今属峰江街道）。

东汉至两晋期间，路桥境内兴起青瓷窑业，窑址分别坐落在桐屿的高峰、埠头堂、盐盉、杜盉各处山坡上。窑业的繁荣也带来了境内商业的发展。

东晋年间，王羲之任右军将军、会稽内史，正逢朝廷北伐失败，浙东闹饥荒，他上疏给穆帝，减免了赋税，又多次开仓赈贷，减轻逃亡者的罪，使他们重新安居。王羲之醉心山水，觉得当官妨碍他的自由，就辞去官职，畅游浙东南，欲去永嘉（温州），经由天台、章安，来到新安，留有墨池。遗址在十里长街"廿五间"（原妙智寺）内。王右军之所以逗留新安，新安有邮亭旅舍乃是重要原因。

隋代，路桥建有普泽寺。《嘉定赤城志》载："普泽院，隋开皇（581—600）中建，旧在新安庙南。"

唐高僧鉴真和尚第四次东渡，出天台山"巡礼圣迹"，专程来到新安禅林寺（现峰江街道香严寺），准备出发前往温州。忽有差役持采访使牒前来追索阻拦，第四次东渡以失败告终。但鉴真驻锡禅林寺，为路桥增添了光辉一笔。唐代路桥多佛教寺院，说明该地域在唐代已相当发达。

唐代境内已有居民迁入的记载。民国《黄岩县新志》载："李家洋李氏，李氏于唐玄宗时平安禄山之乱（755—763），率兵至台州，遂家焉。子孙分迁洪洋、埭头和温岭螺屿、沈桥、楚门、牧屿、青石桥等处""唐宪宗元和年间（806—820）郑无谦慕丹崖山水之胜，迁居罗洋后郑"。

黄岩官河开凿于五代十国吴越王钱镠统治时期（907—931）。官河是台州境内最大的人工河，有"浙东小运河"之称。官河有东、南、西三条，南官河是其主要河道。南官河自南浮桥南流至峤岭一百三十里，陆程九十里，广一百五十步，又别为九河，各二十里，支为九百三十六泾，以丈计者七十五万，分二百余埭，绵亘灵山、驯雉、飞凫、繁昌、太平、仁风、三童、永宁八乡，溉田七十一万有奇。路桥处在南官河的黄金中段，南官河对路桥街的肇兴起到关键作用。

山水泾口旧景　金仁贵摄

《嘉定赤城志》载："妙智院，在县东南三十里，旧号灵感观音，建隆元年（960）僧南慧建，初，慧自蜀舆观音像至此少憩，且舁行不动，少顷彩云绚霞环匝纷拥，且现其相焉，阖境尊异，遂留慧营殿，其后如吉继主之。"其实建隆元年，台州还在吴越国治下，直至宋太宗太平兴国三年（978），吴越国除，台州入宋版图，因此有人认为妙智寺建于后周显德七年，也无不可。《路桥志略》载："妙智寺在三桥廿五间，旧名灵感观音，俗呼路桥寺。《赤城志》云，有田八百余亩（今寺侧街屋犹纳地税）。"与其说"妙智寺在三桥'廿五间'"，还不如说"'廿五间'、在妙智寺旁"更确切。从"有田八百余亩""寺侧街屋犹纳地税"这些话，有地方史家认为"廿五间之地"为妙智寺所有，先有妙智寺，后有"廿五间"。是妙智寺把田出租给商人经商，建造"廿五间"街屋。妙智寺在路桥街上，在寺院旁开店经商，人气旺，生意好，使得路桥街面更加发达兴旺。

《元丰九域志》载："黄岩有峤岭、于浦、新安、青额、盐监五镇。"可见北宋时期，新安镇已进入全国性的地理档案中。

南宋之后，"新安"又有了一个新的名称"路桥"。《赤城志》载："路桥镇（市），在（黄岩）县东南三十里，旧名新安。"说明新"路桥"即旧"新安"。（另据最新考据，路桥作为地名可能在北宋神宗时期就已经出现。）

那么新安(路桥)市镇与灵山乡又是什么关系？唐《十道图》说："凡州县皆置乡里，其制以百户为里，五里为乡，廓内为坊，郊外为村，里及坊皆有正，以司督察。"原来乡与市（镇）坊是同一级行政单位。原来新安（路桥）镇（市）是与灵山乡同时存在的行政单位。

杨晨在《路桥志略》中写道："自宋南渡，近属畿辅，人物渐繁，商贾渐盛，水利渐治，仕学渐兴。"可见到了南宋，路桥开始大踏步发展。

宋代各姓大量迁入。笔者查阅了境内70姓迁入的时间，宋代迁入就有43姓，占60%。北宋年间迁入有：蔡姓、梁姓、张姓、陈姓、朱姓、陶姓、洪姓、蒋姓、范姓、余姓、夏姓等；而南宋年间迁入有：林姓、叶姓、徐姓、汪姓、姚姓、戴姓、沈姓、罗姓、刘姓、翁姓、解姓、杨姓、应姓、郏姓、金姓、胡姓、许姓、方姓、何姓、程姓、韩姓、秦姓、郭姓、江姓、吴姓、尚姓、陆姓、尤姓、任姓、茅姓、董姓、黄姓等，占全部的44%。

随着南宋路桥繁荣，与外地名人相关联的事也频有发生，其中最具分量的有三人：王十朋、朱熹和叶适。

三人中王十朋年纪最大，比朱熹大十八岁，比叶适大二十八岁。

三人关系密切，朱熹最崇敬的是王十朋，而王十朋与叶适之父叶光祖是朋友，对后辈叶适关怀备至。

王十朋与螺洋余氏是表亲。螺洋余鱆是王十朋表叔，余鱆的三个儿子余谐、余壁、余如晦皆师从王十朋，这从王十朋《梅溪集》和《芦阳余氏宗谱》中可以得到印证。

绍兴三十一年（1161），王十朋调入大宗丞，主管台州崇道观。为此，王十朋走遍台州重要寺观，来到路桥妙智院，见涤虑轩十分清静，且有刘彝、虞策、左誉、岑象求等题诗，便在此住了一夜，留下《宿妙智寺》诗。

刘允济，字全之，南宋淳熙五年（1178）进士，与永嘉叶适同科，相交很深。刘允济先为婺州掌教，其母钱夫人（临海钱氏后裔）去世后，叶适为其撰《夫人钱氏墓志铭》。之后，刘允济历太常寺主簿、国子监丞，知南剑，提举福建常平，知永嘉（即温州）。任永嘉太守期间，与通判陈子云、知县胡衍道等僚属一心，利兴弊革，远近翕然称治，周纯臣每叹永嘉人有福，叶适作诗纪之（《水心集》）。

刘允济致仕后，迁居路桥南栅，为路桥刘氏始迁祖。不久，叶适也致仕。刘允济邀请叶适到路桥讲学。叶适的思想充分地反映了路桥地域经济文化特征：一、义利观，主张把义理与功利结合起来；二、本末观，认为要使工商业者参政议事；三、理财观，认为理财致富人人向往；四、富民观，主张国家应保护富民使之能"安其富"。叶适的"义利观"，使得路桥人追求财富名正言顺、理直气壮，为路桥后续的经济发展打好理论基础。

陈纬，字经仲，路北士岙人，与谢深甫（丞相）同学莫逆。南宋淳熙八年（1181），浙东遭灾大饥。第二年朱熹提举浙东常平茶盐公事，兼办赈务。不久，朱熹巡视黄岩，陈纬约同乡绅支汝绩、陈谦、徐弗如去见朱熹，反映境内水利工程多有废坏，亟须修复和兴建。朱熹听取了陈纬等人意见，上疏《奏兴黄岩县水利》，提出"水利修，则黄岩可无水旱之灾；黄岩熟，则台州可无饥馑之苦。"请拨得内府钱一万贯修筑黄岩水闸。并委托林鼐、蔡镐、陈纬等具体经办。朱熹规划建造6闸，在视察鲍步、长浦、金清等闸时，宿在河西。《路桥志略》载："朱子祠，在河西街，郡佐朱公建，故址在今河西堂。"黄岩周省三《新安杂咏·望后楼》曰：

> 河水清清落日黄，考亭遗址已茫茫。
> 居民不识甘棠树，让与山僧作道场。

下注：今"河西堂"即"朱子祠"旧址。

朱熹调任后，由勾龙昌泰、李洪川继任其事，而林鼐、蔡镐、陈纬始终其事。叶适写有《送黄岩二陈（陈雷、陈纬）秀才》诗（水心集—第6册—卷八—七言绝句—第23）：

> 一双璞玉禀天和，远向东州就琢磨。
> 待得永无痕锁相，莫言功用不须多。

叶适在螺洋讲学期间，还为路桥监镇邵持正之父撰写墓志铭。《路桥志略》载："监镇，按《嘉定赤城志》，监路桥镇一员，武，后省罢。""按《叶水心集·邵君墓志》云：子持正监台州路桥酒，持正墓志无'酒'字。盖宋时有酒税，设官监收，持正为税官，或兼监酒税，他书无征，仍难遽定。"可见叶适对于基层小吏，并不轻视，愿为其作墓志铭。

南宋嘉定年间，洪洋赵处温在弟弟处良（赵亥）的支持下，办起义庄，储粟千石散放之，贫者瘗丧嫁女皆取焉。谷口郑大惠叙为歌诗，车若水、王华甫为之记。环百里无贵贱贤愚，皆推曰"善人"。《光绪黄岩县志》、民国《黄岩县新志》有录。《雍正浙江通志》188卷记载，在赵处温、赵亥兄弟的主导下，"出义庄田三百亩，以供义役，岁储粟千石以助乡之贫，而无敛，及婚丧无力者。"赵处温兄弟创建的义庄，较早以宗族之名参与到基层治理，丰富了路桥义利并举的传统，为中国农村"乡绅之治"开启了新的篇章。

南宋咸淳元年（1265），河西於泰得中进士。《路桥志略》载："於泰，河西人，宋咸淳元年乙丑进士，为瑞安尉，权知县事，调昆山，廉静自守，政绩著闻。"

随着宋代"人物渐繁，商贾渐盛"，路桥的交通也得到改善。得胜桥在北宋宣和之前就存在。宋代其他桥梁还有钱屿北桥、马铺桥、栅泾桥、新安桥、石路窟桥、长浦桥、清洋桥等。

宋代路桥文化也得到肇兴，仅宋代，路桥便有十多位进士。最早的进士为北宋王琥、王珏兄弟（逍王），南宋有刘允济（始迁南栅），沈作宾（始迁霓岙），陈雷、陈纬兄弟（士岙），赵亥（洪洋），蒋鹏程（螺洋），蒋彦圣（螺洋），陈铭（始迁云墩），程矶（始迁螺洋），於泰（河西）、陈希豹（沙山，会元）。举人数量更多。

於泰子宜，孙松友、竹友、梅友。松友，元顺帝时被授将仕郎，其族始大。於氏盛大与松友女婿方国璋有关。国璋参与其弟国珍起义，方氏兄弟占领浙东三郡后，指派国璋、国瑛镇抚台州。国璋为元廷督运漕粮至大沽，累官至荣禄大夫、江浙行省右丞。故此，其丈人松友也被授予将仕郎。於氏兴盛后，为了改善路桥河东、河西间交通不便，松友出资建造了桥梁，人称"松友桥"。

在方氏兄弟管辖台州期间，路桥得到极大发展，除了於松友造松友桥外，方国瑛造衙门于今肖谢（其地至民国期间一直称四衙，新中国成立后改称肖谢），并在石曲西边肖谢泾上造四衙桥，胡璞《方衙怀古诗》曰"留得三衙与四衙"（方国珍造的三衙桥在泽国）。方国瑛还在洋屿造四府桥。由于路桥得到繁荣发展，陶宗仪的叔父陶复初（台州儒学教谕）也将家从清洋迁到道岙（即石曲）。

方氏兄弟保境安民政策使得台州免受元末群雄纷争战乱，元末明初路桥的繁荣如初，出现蔡庆映等巨富，《路桥志略》载："蔡

福星桥　金仙云摄

庆映，号恒庵，邮亭人。性宽厚，家素饶，邻戚以缓急告，立应之，贫而负者，焚其券，邑令延为大宾，例赐冠带。营生圹于圣水山，自谓乐丘，陈金都世良为记。卒年九十六。"

明代路桥经济和人文继续发展，路桥出现於仲完、包彝古、蔡庆映、李匡、刘致中、蔡荣名、蔡德懋众多名士。其中於仲完被载入《省志·循吏》，包彝古参修《永乐大典》，蔡庆映富甲一方、义行乡里，李匡和刘致中考取进士、为官政绩显著，蔡荣名以其诗文受到名士王世贞赞赏，而义士蔡德懋聚集民众抗击倭寇，从而保护路桥街免遭抢劫焚毁。

明代乡绅富户，做了很多善业。洪武元年，蔡氏始建福星桥，初名蔡家桥。

路桥街素有"庙对庙，桥上市"的传语，可见路桥庙宇之多，桥梁之多。路桥街上最早的庙宇始于东汉，广泛建庙却是明朝以来的事了。过去路桥分为五个保，每个保都有一座庙，这就是五保庙（河西庙、邮亭庙、三桥庙、南栅庙、河东庙）。东岳庙，居

五保庙之首。另外路桥街上还有 20 多座庙宇。陡门宫位于塘桥旁，明嘉靖年间建。东岳庙于明万历二年，由本镇刘、蔡二氏捐建，邮亭蔡克谨，还捐建方福宫。武圣庙在东岳庙前，河流曲处，本名赤松庙，祀关羽，始建时间与东岳庙相差无几。河东庙，俗名下洋殿，在东镇桥侧，祀潘大猷（因剿匪治安有功）。

过去每逢五保庙、东岳庙寿日之际，路桥大多数人家都炊青糕，办八碗，邀请亲戚朋友来看戏，成了一种节日。河东庙演戏在八月，天气昼暖夜凉，百姓编了一句口头禅："上半夜看戏穿单衫，下半夜看戏穿长衫。"河西庙演戏，看戏人太旺，百姓又编了句顺口溜："八月二十朱灏寿诞，做场戏白鹤生蛋。菜头丝小旦（著名小旦叫菜头丝），哄来人几千万。挤倒汤圆担，脚肚子烫流烂。踏死后洋潘老倌无绽（不会错的意思）。"

每逢春节，各庙中都布置了乐班，迎接烧香点烛的客人。客人进来了，鼓乐齐鸣，好生热闹。元宵节，全街挂灯结彩，五保庙、东岳庙布置更为醒目。是夜，千灯齐明，礼花怒放；儿童拖着兔灯、鱼灯、蝴蝶灯满街跑;还有滚狮子、滚龙灯等。街上人山人海，水泄不通。竹枝词云：

阿娘吩咐女儿听，街上看灯要小心。
热闹场中多撞浪，须防脚肚捏乌青。

清代路桥为浙江重镇。《路桥志略》载："顺治十八年，以鲁监国郑成功故，尽徙沿海三十里居民入内，空其地，佃渔不遂，舶贩不行，困苦极矣。及康熙九年，始许复业，薄赋役，于是渐休养生息，至乾隆而极盛。"清顺治年间，蔡庆映裔孙蔡克谨，富甲一郡，家产遍临海、天台、黄岩城关、太平。以孝友称于乡。顺治三年（1646）岁大祲，为饘粥以活饥者。尝捐葺东岳庙、广福寺，知县赵晒 [顺治九年至十年（1652—1653）在任] 优奖之，

侍郎冯甦志其墓。

杨阜东（1784 — 1859），因从商从高桥（今属椒江洪家）迁居路桥河西。

於永庆，号德先，河西人，慷慨好施，邻里待举火者数家。子素履，庠生；次缉熙，号敬夫，贡生，有时誉；次日新，号健庵。好义不倦，岁饥煮赈。清乾隆己丑修志，首事洪鼎煊赠诗，有云："富贵如浮云，望重一乡久，眼前四代荣，始信积德厚。"可以知其概矣。

民国时期，黄岩县的工商业绝大部分集中在路桥，优于城关，金清（下塘角）是温黄两县鱼货集散地，商业不及县城，居第三（《民国黄岩县志》）。以路桥镇为中心的大集市，周围的桐屿、马铺、石曲、长浦、横街、下梁、蓬街、金清等小集市，构成市场网络。全面抗战开始，海门港口遭到日舰封锁，海门两度沦陷，市面萧条，而金清港仍能保持通航，台州南部的物资唯有靠此港进出，使得路桥商业极其繁荣，有不少的海门商家移驻路桥。抗战胜利之后，

路南街居民　郑幼莲摄

海门的商家陆续返回，路桥的商业恢复平常态势。

民国时期，棉织、电力、碾米、化工、酿造、草织等工业开始在路桥发展。1916年，路桥"小木年"（厂号）以木机生产毛巾。此为路桥近代工业之始。两年后的1918年，郑道生与弟郑寿生在路桥中桥大街创办普明织物厂，有木机百余台，为当时黄岩县机织规模最大者；1935年，普明织物厂福梅牌产品获全国工商博览会一等奖。1936年，刘治雄与卢英逊、郑国森、解若冰一道，创建了一利酿造厂股份公司，采用科学新方法，以人工培养细菌发酵，由于优质高产，生产周期短，资金流转快，成本低等特点，一利发展很快，成为当地响当当的企业。其时，铁木、五金等手工业作坊，多以前店后坊形式工商兼营。

1930年3月，路桥黄百诚创办黄椒汽船局，置"黄椒号"汽船，往返温岭县城、泽国、路桥，为温黄两县第一艘内河客轮。与此同时，郑道生兄弟兴办温黄内河汽轮航运公司。1943年，路桥民船同业公会成立，常务理事汪英准（金清人），租用十几家船户、二十几艘船做承运和货运生意。黄、路、泽公路建成后，汽车成为主要货运工具，民船生意逐渐萎缩，少数船只和人员并入路桥航运社。

1922年6月，筑黄岩城关经路桥至温岭泽国20千米的公路。1930年，郑道生投资兴办黄泽路椒汽车公司，1932年1月，黄泽椒（汽车）股份有限公司正式成立，设在新殿巷东，总车站在三桥外青泗洋。4月，路椒公路筑成。5月，路桥至海门通车，有3辆佛兰汽车参与营运，是台州第一次汽车客运。1933年9月，黄（岩）泽（国）公路筑成，10月通车。设站点12个（其中黄岩城关、路桥、泽国自设站），每天安排11个班次。路桥车站是全县交通管理机构，有总站之称。1936年1月，临海经路桥至温州港头公路客运通车。

1931年8月，路炘电灯公司开办，设陶家前集义社。

峰江红台门人丁俊卿，怀着经商办厂的雄心，于1936年来到路桥，在南栅斗宫里创办了鸿升电厂，购置了18匹马力的动力柴油机，配有相应的发电设备，在直街前后安装电线，通线到户。聘用线路技工，负责检修电路。每日供电时间为上半夜，采取每月包灯的方式，每盏15瓦的灯收费1.25元。1937年全面抗战爆发，海运被封，柴油来源困难，电厂不得已改用木炭发电，到1940年5月无法坚持而停业。

晚清民国初年，路桥街共有药店和医疗机构23家，聘请医生坐堂，也有部分医生自己坐诊兼卖药。

刘治雄在1942年10月至1943年8月担任路桥镇镇长，主持筹建了全镇的菜市场，当时资金不足，他决定由他自己负责的一利厂移垫三四万元（法币），始告建成。此外，刘治雄还筹设路桥书店等。

1943年8月，在徐聘耕、杨绍翰、刘治雄等人筹划下，社会各界人士为筹建路桥中学捐款，其中郑道生兄弟捐助学田63亩。同时成立校董会，徐聘耕任董事长，金积学任副董事长，刘治雄等18人为校董。1944年2月，黄岩县私立路桥初级中学（今路桥中学）正式成立。

在市面繁荣之下，文化亦得到巨大发展，出现蔡涛、黄鑐、李诚、蔡簃、杨晨、任重等一大批文人。

"月河吟社"，清咸丰十一年（1861）秋，在镇东庙成立，提倡者为杨友声、蔡簃，附倡者有蔡燕蓁、杨晨、王咏霓、王翰屏、刘子蓁、徐梦丹、谢德荫、陶赞尧等，推蔡簃为社长。蔡簃《写经堂诗文钞·刘子黎诗序》："辛酉之秋，曾约同人举'月河吟社'，社凡月一集，择良辰美景，胜地可人，痛饮剧谈，占题斗韵，且甲乙之。"大概在太平天国战争后期，太平军进入台州黄岩后，因王翰屏为太平军所掳，杨晨考中举人，入朝考入内阁中书，蔡簃到临海任东湖书院山长。诗人分居各地，吟社活动中止。

后来任重（举人、孝廉）复举"月河诗钟社"，社员有於猷、

南官河夜景

谢士骏、陈騫、张高恩、徐兆章、应祖耀、蔡恺、徐梦丹、杨绍翰等，实际上诗钟社的人还有许多，不只这些人，从马来西亚华侨管振民在亦乐园诗中说到自己与谢士骏同社，可见他亦是诗钟社社员。月河诗钟社社员会聚在社长任重家的"读书楼"中赏月。这些文人雅士聚在一起，经常唱和，留下许多宝贵诗篇。

从东汉到民国，从孤独的亭驿到繁华的市井，路桥十里长街历经近两千年的历史风雨，终成浙东南巨镇。改革开放后，十里长街又成为中国小商品市场的发源地之一，闻名遐迩。如今，十里长街被列为省级历史文化街区，正成为路桥文旅的金名片，焕发出蓬勃的生机。

圖全街橋路

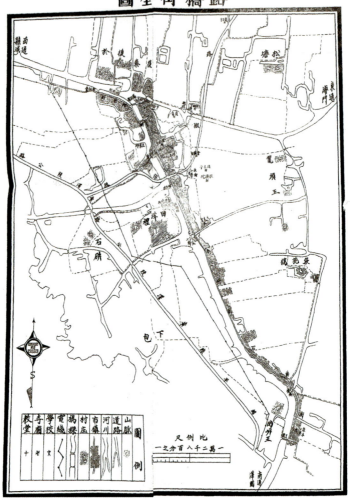

民国十里长街地图（《路桥志略》）

长街文史

十里长街回忆录

○蔡 啸 整理

清人齐召南曾说："余观委羽之灵山，清淑之气蜿蜒二十里，独钟于新安一镇……"

路桥旧名新安，属黄岩县。最早称灵山乡。而齐召南为天台街头人，以举博学鸿词科就仕，曾历任内阁学士、上书房行走、礼部侍郎等职。他对黄岩和路桥两地的山川地形、风土人情等情况了如指掌，故有上述之评价。

据北宋嘉定《赤城志》记载：南官河自唐末五代时开始开凿，至北宋时，黄岩小南门至崤岭（温岭）一百三十里河道已竣工。南官河的开通，也带来无限商机。路桥人在官河两岸建筑商铺，枕水贸易。青色的石板街两旁，店铺鳞次栉比，布局错落有致，逶迤十余里。"十里长街"由此形成。

路桥自古繁华。凭借临河建街、水运发达之便，兼有南通温岭、北控临海之利，成为浙东南有名的商品集散地和台州六县商贾云集的商埠，位居台州"三桥"（临海杜桥、温岭寺前桥）之首。走进"十里长街，银楼、铜号、药铺、南北货栈、绸缎庄、染坊、当店等店号相映成趣，茶楼、酒肆、旅馆、饭店、烟馆、书场等招旗五花八门。古历三、八日定为"集市"。每逢开集，四方商贾云集，人流如鲫。车辐辏，舟相接，市井喧嚣及暮不息，河中货客船争相穿梭，艄公号子彻夜可闻。河岸上往来的贸易者，肩挑手提，"负者歌于途，行者休于树，前者呼，后者应，伛偻提携，络绎不绝"之情景，犹似"清明上河图"之缩影。

十里长街在南官河西岸绵延十华里，"长街"之名名副其实，南北走向的"十里长街"，如"一"字之一"直"，加上邮亭横街的上一"横"，和三桥横街的中一"横"，及石曲横街的下一"横"，成了"王"字形。街面上古屋遍布，大大小小的三合院、四合院，如正源里、万源里、安乐里、大夫第里、大同里、四透里等，犹如长街这根项链上的颗颗明珠，有些庭院廊柱为方形，可见长街历史之悠久（相传是为避宋太祖赵匡胤小名赵玄郎之讳，改玄为元，故不建圆廊而改用方廊）。

漫步古长街，由北从河西入街。最先入目的是庄严肃穆的河西庙，祭祀的是抗倭有功、被后世封为"朱武玄王"的朱灏。庙内曾有抗倭图十幅，如实地描绘了当年抗倭的各种场景。正殿悬一长联，堪称气派。隔岸有任重的读书楼，突兀天际，映入眼帘。任重于光绪二十九年中举人，历任广东临高知县、山西岢岚知事，浙江永康县县长。为官时两袖清风，山西岢岚县百姓曾送其"万民伞"。卸任后矢志著述，撰有《黄岩方言考证》《河西钓叟诗文集》和《胆尝集》等乡土文献。他工柳体书法，镇上"抗战阵亡将士纪念塔""福星桥"及有名商号招牌都由他撰写，是一代贤吏名儒。

信步前行，清江南道御史、刑部给事中杨晨的府邸赫然在目，气派恢宏，典型的簪缨阀阅门庭。门前甲午旗杆，石狮照户，宅内重楼叠叠，水榭亭台，园中花木婆娑，有亭翼然。亭壁上镶主人官像，厅堂上悬挂着清逊帝爱新觉罗·溥仪题写的"丹桂重芳"

匾额，府上珍藏着皇家圣旨和钦赐的凤冠霞帔。

连接长街的得胜桥、福星桥、新安桥、磨石桥和塘桥等高低起伏，各显雄姿，横跨南官河的中镇桥、涌金桥、松友桥、老马路桥、卖芝桥、下里桥和黄桥等如碧空长虹，横卧河上。南官河通往温岭和院桥的山水泾口，水流湍急，下游溯上之船只，桨摇篙撑，背纤逆水，成为南官河一景，引得观者如潮。

登上福星桥向南眺望，清乾隆二十四年修造的中镇桥横跨在月河之上，桥下清流如带，水声潺潺。往东凝视，眼前一抹横街。在横直街的交接处，邮亭古驿、蔡氏宗祠、中镇庙三位一体紧接相连，邮亭是古时驿站，由于年代久远和交通的发展，"一骑红尘妃子笑"式的靠快马投递信件已成明日黄花，驿站也失去以往的功能和繁华，但旁边的蔡氏宗祠和中镇庙却香火鼎盛。前后两进的蔡氏大宗祠内，前厅悬挂着台州籍名人——侍郎祭酒谢铎的题匾，上书"台南望族"。后厅有明尚书王南渠书写的"保世兹大"及南京刑部右侍郎王宗沐所题的"慷慨安民"匾额。祠内有抗倭义士蔡德懋塑像，纪念他在明嘉靖时两次放粮救济，组织乡勇抗击倭寇的事迹。祠前建有"福星亭"，亭内石碑题"慨安"二字，亦为王宗沐之手笔。

离开邮亭驿迤逦南行，街东边一片围墙里机杼声不绝，和街西对岸机器马达声遥相呼应，两处皆为路桥普明织物厂。26岁的厂主郑道生和其弟寿生经营着百余台木机和数百台织机。郑君毕业于杭垣纺织学院，是纺织行家里手，也是路桥手工业的先驱，曾招收街坊无业妇女及农村穷家姑娘来厂务工。普明厂的产品在1935年参加全国工商博览会荣获一等奖章。

和普明厂相距咫尺之地，面临大街，有一道石砌牌坊，是里人蔡元鼎妻余氏节孝坊。余氏是望门之寡，终身守节，带养继子跃龙，于康熙四十八年由浙江总督、巡抚、学台三大宪奏报朝廷请求旌表。朝廷念余氏"年青守志、白首全贞"，于康熙五十年钦

旌节孝并拨款建坊。坊上有钦命浙江提刑按察司分巡宁绍台道金事霍于京题"又有祥开"额字，下注"玉音"二字，坊下有二石狮雕琢精巧，为名匠胡雷明造。立坊之地称"牌坊前"，现在的地名"牌前"即由此而来。

离牌坊一箭之地，可见东岳庙南北两道卷洞辕门。高耸的粉墙上有"岱宗之岳""泰岳威灵"等题字。字体苍劲有力，出自本镇名人陶五丰之手。东岳庙祭祀的是泰山之神——东岳大帝，始建于明朝万历二年(1574)，由本镇刘、蔡二氏捐建。清光绪二年二月，岳庙山门遭火，时有里人蔡祯集资重建岳庙。光绪十五年五月十五日黄昏，庙后三层楼再遭火灾。而后由蔡桢、蔡抚衔、蔡福同、徐梦丹、郏甫平、蔡平罩、於福谦等七人出面"立册劝募"，集资重建，历时五年而成。后殿增添警世楹联一副，上书"盖世英雄难免无常二字，富贵荣华如同春梦一场"。

东岳庙对面是武庙，又称关帝庙，两庙相对，谓之"庙对庙"，为路桥一大奇观。庙内塑有关羽神像，青巾绿袍，卧蚕眉，丹凤眼，面如重枣，正抚须观读《春秋》。旁有周仓执刀，关平捧印。上有匾额"义薄云天"，旁有楹联云："兄玄德弟翼德擒庞德释孟德，生蒲州事豫州让徐州守荆州"。寥寥数语，把关老爷一生的生平事迹刻画无遗。相传古历五月十二日为刘、关、张桃园三结义的日子。旧时每逢此日，便有年轻人来庙前拜盟结义，举关刀角力。

关帝庙旁边，有一两层小楼，有房七间，名为"宾兴祠"，是镇上文人"会文"的地方。为奖励读书，祠内立有公议，凡成绩优异且家庭贫落者，由"宾兴祠"出资奖励补助。镇上几大族捐出田亩，以税谷作为资金。其中以蔡氏捐田最多。

出东岳庙，便能看到位于三桥头的雄镇庙。雄镇庙为纪念章百益而建，章百益是医生，一生救人无数，受人敬仰。

雄镇庙对面为话月巷。该巷原名叫卖肉巷。人们嫌原巷名俗气，故以方言谐音改化。其实这里不仅卖肉，还卖海鲜。路桥商

长街文史

话月巷　郑幼莲摄

埠林立，食客颇多，其中不乏富商巨贾为讲派头，需要享受高档的鱼鲜。为此，便有鱼贩们投其所好，置船在海上收购上档次的海鲜，转卖到路桥赚大钱。这种收鱼的船，渔民们称之为"路桥船"。《路桥志略》上有记载："一回潮上一回鲜，紫蛤花蚶不计钱。泼剌黄鱼长尺半，如飞摇到路桥船"。

离开三桥头，信步往南，街西有一座古刹矗立，名为妙智寺，旧名为灵感观音寺，俗称路桥寺，宋建隆元年（960）由南慧和尚募化而建。此寺天王殿特别高大，殿上四大金刚"携伞""执剑""弹琵琶""擒蛇"，姿势各异，形象逼真。当年曾有人作歪诗"抬头一见四大人，身穿盔甲亮盈盈。一个肚皮芭头大（形容肚子大），一只小卵十六斤。"以此形容佛像的高大和威武。寺内有"内照庵""涤虑轩"两处最为安静，相传善男信女们夜宿内照庵，只要掩扉独坐，就能看到无量佛光，使人两眼生辉。如果你有心事，到"涤虑轩"去住几天，就能使你洗好浴德去掉烦虑。南宋绍兴年间，状元王十朋（温州乐清人）夜宿妙智寺涤虑轩。他为政务烦心来此"涤虑"，二为寺外有"右军墨池"。"右军墨池"是晋代书圣王羲之当年去松门观看"海中仙岛"，经路桥小住时作书洗砚的地方。王十朋特来瞻仰，由于俗缘未了，匆匆一宿，做了"未尽涤尘缘"诗后郁郁离去。

由妙智寺折回长街，前面有一座微拱的石桥叫"新安桥"。新安桥下可通小舟，桥上是七条长形石条，连接南北街心。此处为十里长街的中心地段，故桥名亦由古镇名而命名。桥上建有"文

魁坊"，为举人刘梦龄（字尚遐，南栅人）所立。桥边的店铺称"廿五间"，是十里长街最热闹之所在。

新安桥南边是光绪二十七年重建的"南栅庙"，这里祭祀的是华吉。据说华吉是临海的卖盐客，因发现河中死有一条"乌皮鲤蛇"，劝群众不可食用该河水。百姓不听其言，他便跳河自尽以明其志，由此得百姓敬仰而立庙祀之。

踩着长街的青石板，悠然踱步来到磨石桥边，在三汊水交流的北段地面，有"文昌阁"屹立街边，雕梁画栋，形势迥拔。楼上是"奎星楼"，塑有"奎星点笔"的神像。后楼祀孔子和关帝，有联语云："孔夫子关夫子两个夫子，著春秋读春秋一部春秋"。路桥人尊重古圣先贤，希望地方文风蔚兴，用心可谓良苦。

过了文昌阁，视野豁然开朗，南宫河顿显得水天空阔，原来已置身"单边街"之上。河岸下，乌篷太平船在接客卸货，小汽船正在鸣笛起航。

排排木筏由北南漂，树场设在下游。树场的旁边"元帅庙"面西临街，气派不凡。该庙祭祀张巡和他的部将南霁云、雷万春等。他们是唐天宝年间在"安史之乱"时驻守睢阳的忠臣良将，事迹壮烈，故在此俎豆千秋。

与元帅庙同向相差半里许，坐西朝东临街面的民居前，矗立着"三间面"和"五间面"两座青油石"节孝坊"，气势磅礴，为单边街增添了几分庄重和肃穆。第一座石牌坊是蔡德仁妻李氏节孝坊，坊额题曰"曲水流芳"，联曰："矢志在百年斯为任重道远，回头因一笑果然苦尽甘来"。第二座石牌坊是蔡燕谋妻管氏节孝坊，额题曰"石实坊芳"，联曰："综生平无一事慰怀何命之薄，观人言与所亲不间其人可知"。又联曰："识力得有丈夫概，修持兼溯道家言"。清光绪三年，浙闽总督谭钟麟、浙江巡抚崧骏、浙江学政陈彝、浙江布政使刘瑞棠、浙江按察司赵舒翘、浙江盐运使惠年、宁绍台道吕引孙、台州知府赵亮熙、台州海防同知张毓麟、黄岩县知县唐济、黄岩县丞蒋量、长浦巡检姚元缪、典史张兆麟奉旨建坊，并刻名于坊上以示敬重。

由牌坊继而南去，前面又是"两边街"，东西店铺相对。有一桥飞峙南北，名曰"塘桥"。塘桥西临南官河，东接南支河，桥下盛产本地有名的美味佳肴——"塘桥田蟹"。每逢农历十月，从官河北来的蟹群争相逆水爬过塘桥，到南支河取暖。为方便灌溉，当地民众在塘桥下设有闸门，闸门上下水相差尺余，导致桥下水流湍急。这样，体重的肥蟹能逆流慢慢爬过桥，体轻的只好望桥兴叹。捕蟹人知道这个秘密，都喜欢在桥东下网，捕住的多是膏满体肥的圆脐之蟹。民国时上海一批阔商专门吃阳澄湖大闸蟹，称这种田蟹为"天下佳味"。当时的台州轮船公司买办、路桥人章九芝不服此说，特地回乡买了百来斤塘桥田蟹带回上海，与阳澄湖蟹比美。"不怕不识货，只怕货比货"，塘桥田蟹比阳澄湖蟹体肥、膏多、味美，阔商们在事实面前信服，由此塘桥田蟹名声大噪。

塘桥边有庙，叫陡门宫，建于明嘉靖年间，奉祀的是在抗倭

长街舞狮

寇战斗中壮烈牺牲的孔、傅、朱、章四元帅。庙后建有园林式花园，是长街南端一大宗教活动场所。

　　和陡门宫仅一墙之隔的"济急堂"亦是值得一游的地方。堂前石柱上镌有一副对联，联云："院宇逼天枢众星拱所，门墙傍水陡万派朝宗"。济急堂为清末民初张善元所开设。张精通医术，擅长以针灸治疗各种疑难杂症。民国初，南通状元张謇之母瘫痪在床，久治不愈，张謇邀善元至南通为其母诊治，没出三月老太太竟能下床行走。为表谢意，张状元赠银洋数千。张善元回乡后，用此银建成济急堂，取"济人之急"之意，并自己坐堂诊病，救死扶伤，广施善事，很得百姓爱戴。

　　十里长街的尽头，就是"挑动黄河溅浪花，庆元割据有方家"的元农民起义领袖方国珍的故乡。方国珍被历史学家吴晗誉为"亡元者国珍也"，是十里长街值得大书特书的人物。

　　千年古街，有着千年的文化积淀。沿街的寺庙、牌坊、祠堂、塔楼等建筑物上都题有劝人上进、乐施好善、注重孝悌等内容的匾额和楹联。民国时路桥还有"月河吟社"和"月河诗钟社"两大民间文艺团体。

　　斗转星移，沧桑世变。如今，路桥各项事业更显辉煌。千年古街几经重建，街景街貌也焕然一新，大异于从前。就有"十里长街南北公侯第，一鸢秀水东西商贸城"的旅游商贸韵味，重现以前"商贸胜地、文化中心"的繁华指日可待了。

长街文史

秀挹新安近水楼——漫说南官河

秀把新安近水楼 —— 漫说南官河

从一条有诗意的河开始

我们想了解一座江南的城镇，必先从一条河开始。因为江南的繁华城镇无一不生长在河边，有了河，城镇才有了滋养和灵气，才有了人烟聚集的缘起。所以，人们都喜欢把流经故乡的河流称为"母亲河"，路桥亦然。

路桥的母亲河，叫"南官河"。

官河，在古代就是运河之意，因为运河一般由官方修建，所以称为官河。民国《台州府志》载：黄岩"县境之水……在城廓曰县河，入乡区为官河，或支而为泾"，说清楚了河道的命名规则。

古黄岩县的官河是台州境内最大的人工河，素有"浙东小运河"之称，分东、南、西三条，南官河是其主要河道。

南官河纵横温（岭）黄（岩）平原，自黄岩城关小南门向南经十里铺，过坝头闸入路桥区境，向东南

长街文史

流经桐屿、马铺、路桥街、白枫桥、上蔡。宋嘉定《赤城志·卷二十四·水·黄岩》载："官河……绵亘灵山、驯雉、飞凫、繁昌、太平、仁风、三童、永宁八乡，溉田七十一万有奇。"灵山乡即今路桥区大部区域，正属于南官河黄金中段。河流经路桥后，入温岭市境内泽国，再南流经牧屿、横峰达温峤（温岭街），全长45公里。路桥区境内长 17.31 公里，河段口宽 20 — 35 米，平均水深 2.6 米，与金清水系相接。

也许所有的路桥人都应该感谢一位贤明的君主，那就是五代十国时的吴越王钱镠。正是他在位期间大兴水利，开凿了这条运河，让温黄平原的百姓也像杭嘉湖区域一样，"近泽知田美""境内无弃田"，路桥也因此迎来了历史上第一次大发展的契机。

说起钱镠，两浙百姓无不竖起大拇指，充满崇敬感激之情，称其为"海龙王"。

钱镠（852 — 932），字具美，小名婆留，临安市锦城钱坞垄人。传说钱镠出生时，相貌奇丑，其父钱宽认为不祥，一惧之下，抱着婴儿想扔进井里，一了百了。钱镠的阿婆却抢前一步，救下了他。所以，钱镠就有了一个小名，叫婆留。

钱镠出身寒微，少年时曾做过私盐贩子，后来投身行伍，骁勇善战，显示出卓越的军事政治才能，因功授镇海、镇东等军节度使，统一两浙并占有苏州，终成雄峙一方的霸主。

后梁开平元年（907），钱镠立吴越国，定都杭州。其势力极盛时，辖一军十三州，共86县，版图相当于现浙江省全部和无锡以东的江苏南部及福建福州北部地区。

但相较于五代十国的中原霸主，钱氏的吴越国只能算东南小国，令人意外的是，武将出身的钱镠却并无争霸之意，反而收起锋芒，以保境安民为国策，礼贤下士，广罗人才，兴修水利，奖励垦荒，发展农桑。对当时浙江的社会稳定、经济繁荣、百姓安居乐业做出了巨大贡献。"上有天堂，下有苏杭"，是在钱镠的吴

越国时期打下的坚实基础。

黄岩的官河就是贯彻钱镠兴修水利的思想而开凿的。

路桥是水乡，在南官河没有开凿之前，本就水网密布，湖泊星罗，南官河把这些分散的水系像珍珠串绳般连在一起，从黄岩县城到路桥，再到温岭，从此有了一条"水上高速公路"。

南官河流经邮亭，分成了两条支流，北边的向东延伸，先跟永宁河交汇，成为鲍浦河；南边的一支则流向东南，河面收窄，经过十里长街最为主要的一段，到石曲再次汇入南下的永宁河。三条河段刚好构成了一个倒置的等边三角形，形成了一张大水网的中心，四乡八方的货物和人口开始在路桥集结。

于是，万事俱备，大镇始肇。

朱子祠

"半亩方塘一鉴开，天光云影共徘徊。问渠那得清如许？为有源头活水来。"南宋大儒朱熹这首脍炙人口的《观书有感》，讲了读书的哲理，但从诗面上看，又是一首生动的治水诗。

朱熹跟路桥的缘分，也在于治水。

《路桥志略》载："朱子祠，在河西街，郡佐朱公建，其故址即今河西堂。"

南宋淳熙八年（1181），浙东遭灾大饥。次年，朱熹以浙东常平使的身份巡视台州。

提举常平司是宋代一项特有的制度，全称为"提举常平广惠仓兼农田水利关差役事"，相当于现在的农林水利等民生部门，浙东常平使就是浙东民生巡视员，兼办赈灾事务。七月，朱熹来到台州，发现"人户连遭灾荒，细民艰食"，马上奏免了台州丁捐，朝廷也拨出三十万缗钱给朱熹用于台州赈粜。

办完赈粜，已是九月，临近重阳，朱熹又急匆匆赶到黄岩视察。

河岸小埠头

他对黄岩一带非常熟悉，此番视察，很快就发现了问题：官河淤堵严重，北宋时罗适造的闸口年久失修，多已无法有效使用。

朱熹了解到这些情况后，立即给孝宗皇帝写了奏状："臣体访到本州黄岩县，界分阔远，近来出谷最多，一州四县皆所仰给，其余波尚能陆运以济新昌、嵊县之阙。然其田皆系边山濒海，旧有河泾堰闸，以时启闭，方得灌溉，收成无所损失。近年来，多有废坏去处，虽累次开淘修筑，又缘所费浩瀚，不能周遍。臣窃惟水利修则黄岩可无水旱之灾，黄岩熟则台州可无饥馑之苦，其为利害委的非轻……"

朱熹提出清朝廷拨款两万贯，并推举林鼐、蔡镐两个黄岩官员主持水利工程。孝宗同意了朱熹的请求，只是在经费上打了对折，拨钱一万贯用于兴修黄岩水利。

疏河造闸是大工程，要完成这么大的工程，光靠这一万贯是远远不够的。朱熹想了个办法，让官府出卖度牒来换取水利项目资金，加上地方资金，终于凑够了开工的经费。

朱熹身体力行，亲自沿官河勘查，确定了蛟龙、陡门（后移到仙浦）、鲍步、长浦、迂浦、金清六闸。其中鲍步、长浦属灵山乡（在今路桥区基本区域）。

朱熹在路桥最广为流传的故事，就是"铁盘镇海"的传说了。据说朱熹治水利时，有一日到金清港口，见海口浊浪滔天，似有鳌龙翻腾，就命人铸造大铁盘，镇压在金清海口，因为龙见到铁害怕，就不敢兴风作浪了。又有一说："金者水之母，浑潮见铁则清，所以遏淤泥也"，这就是金清地名的来历。

在路桥考察时，朱熹一度宿在路桥十里长街的河西。相传，因为工程浩大，老百姓颇有怨言。朱熹于心不忍，生起放弃之念。这时候，他在河西做了一个梦，梦见赤面的南朝诗人鲍照前来劝慰他，说这是件功在后代，利在千秋的事情，等到功成之后，百姓们自然会感谢你，现在这些临时的怨气也会消散。于是，朱熹重拾信心，激励百姓，加快进度，终于圆满疏浚工程。为了纪念朱熹梦神，于是，百姓将南官河在路桥河西分汊入海的直河，命名为鲍浦。后来，为纪念朱熹治水壮举，人们就在河西建了朱子祠。

河与街，因为朱子的留宿，而沾了氤氲的文气。

十里长街有十里吗？

路桥十里长街从河西开始至石曲街为止，包括七个街区。河西街处在老街西北，石曲街处在老街东南，整个街形呈"Z"字形。许多人讨论过十里长街的长度，按现有的街景，再怎么量，都没有十里，全长 3.5 公里左右，也就是说，长街只有 7 里，远没有十里之长。

那么，十里长街凭何称十里？难道是路桥先人们的自夸吗？我们以今人的角度去衡量古代的情形，难免失之偏颇，产生误会。

长街文史

长街长度的密码，也许藏在南官河上的一座桥中。

《光绪黄岩县志》载："栅泾桥，在县南二十五里。"栅泾桥属今路北街道马铺社区赵王片，这里还保存有"栅泾庙"，桥址大概在今银安桥附近。

栅泾桥其实标志了路桥十里长街的西北端，从栅泾桥到南栅，古代长街之长，可能超出了很多路桥当代人的认识。但以栅为标，十里长街名副其实，路桥自古被称为浙东南巨镇，并非浪得虚名。

为什么说栅泾桥作为路桥古街的起点比较合理？先从栅桥设立的原因说起。古代一个大镇的最大的防范是强盗流寇入镇杀人抢掠，故重要的集镇均立有栅栏，如椒江通内河入口处立有栅栏，其地就叫栅浦。浙北的乌镇也有东栅、西栅之分。所谓的栅，是一种栅门，白天开启，晚上关闭，并有居民持械把守。以防盗贼从水路趁夜袭击。古代盗匪猖獗，路桥是大镇，十里长街繁华富庶，经常成为盗匪抢劫的目标，街民为了安全，在南官河街的两端设有栅栏，南端称为南栅，西北端栅栏就设在栅泾桥，栅桥泾就是现今的赵王泾。栅泾桥其西通畅无阻，其东桥边立有栅栏，开有栅门，平时敞开，遇有强盗流寇则紧闭栅门，准备抗寇。

栅泾桥自宋代建立后，曾发生过几次抗寇事件。一次为北宋末年，有仙居流寇来犯，由于有栅泾桥保护，流寇不能从栅泾桥进入路桥镇，只能寻找其他地方进入，于是发生河西得胜桥抗寇事件。第二次为明嘉靖年间，倭寇从海门栅浦来，同样不能从栅泾桥进入路桥镇，仍然想从得胜桥入，再

河畔人家　朱秋明提供

次发生得胜桥抗倭事件。可见栅泾桥的重要性，栅泾桥作为路桥古镇有机组成部分确定矣。路桥古街以栅泾桥算起，则古街十里是名副其实的。

南官河在长街的三个别名

江南的老街总是跟诗意联系在一起，流水、拱桥、乌篷船，烟雨、阁楼、石板路，还有一个撑着油纸伞的娴静女子，这些清婉的意象似乎构成了典型的江南诗画图景，宁静、悠远、朦胧，仿佛一幅淡彩的水墨。路桥的十里长街似乎也总能契合人们对江南的所有想象，但是，如果你走入老街历史的时光深处，可能会改变对江南古街刻板的印象。

路桥的老街确实是用诗铺成的，但并非都是柳永式的婉约派，而是鲜活多元、丰富多彩。既有"云横神女庙，雨过福星桥"的清丽，也有"泼剌黄鱼长尺半，如飞摇到路桥船"的快意；既有"闻道五桥风景好，主人月下解吹箫"的浪漫，又有"百戏桥头聚，千金道上倾"的繁华。

路桥的文人们是极接地气的，他们行走河街之上，深入市井之中，本身就是长街最具亮色的一部分，跟这条街、这条河的血脉息息相应。他们的足迹也遍布路桥全域，为家乡留下许多美丽的诗篇。

月河，这个富有诗意的名字，就是来自文人们的创意。

鳞次栉比的石基木楼延绵十里，倒映在清澈的河面上，穿越过一道道人来人往的古桥，商贩的吆喝和船工的号子此起彼伏，是南官河最美最有世情的一段。只是官河这个"规划名"实在是少了点意蕴。于是，路桥的文人们就绞尽脑汁给它取一个能够入诗入画的新名，因为河上常有白鹭飞翔，故称为鹭河，后来，又在路桥的路加了三点水，称为潞河。但最深入人心的，还是月河。

月河名称的由来跟一个有趣的传说有关。路桥是财富聚集之地，然而南官河却直通通地流向温岭太平。水者，财也，路桥人担心财富也随流水而走，于是，耍了个聪明，在三桥和磨石桥两处，分别改了河道，让河水绕了半个弯，这两个弯儿就像两道眉月，文人们借景生情，就把两个弯之间的河道取名为月河。其实，早在南宋，月河之名就已经出现在志书的舆图里。

无论是月河，还是潞河、鹭河，都是透着满满诗意的名字，只要轻轻一唤，老街就立时有了诗的意境。

两个"月河诗社"

清咸丰十一年辛酉（1861）秋，天高气爽，一批文人聚集在十里长街的镇东庙，由两名中年儒士主持，成立了路桥历史上第一家诗社——月河吟社，这两名中年人就是杨晨的父亲杨友声和他的好友蔡簏。有德高望重的前辈召集倡议，年轻的后学们自然如星拱月。附倡者有蔡燕萘、杨晨、王咏霓、王翰屏、刘子黎、徐梦丹、谢德荫、陶赞尧等，其中不乏后来的黄岩名士，大家共同推举蔡簏为社长。

蔡簏的《写经堂诗文钞·刘子黎诗序》载："辛酉之秋，曾约同人举'月河吟社'，社凡月一集，择良辰美景，胜地可人，痛饮剧谈，占题斗韵，且甲乙之。"说明这是一个竞赛式的诗社，"占题"是以同一命题写作，"斗韵"则是赋诗填词时以险韵取胜，这种斗诗会算是当时流行于文人间的一个雅趣。《红楼梦》第五十回《芦雪庵争联即景诗 暖香坞雅制春灯谜》便生动描写了这一场景。

杨友声和杨晨父子我们会在另一篇详细介绍，现在先介绍一下社长蔡簏。蔡簏，字仲吹，一字竹孙，邮亭墙前人。与方志学

集市航船

家王棻师从黄岩学者姜文衡，工诗文，曾主讲东湖、广文、樊川各书院，从者多知名士。清咸丰十一年（1861）拔贡，同治六年（1867）举人，授教谕，未仕卒，年三十八。著有《写经堂文》一卷，骈文二卷，诗四卷，词一卷，善篆刻草隶，参与分纂《黄岩县志》（咸丰至光绪部分）。蔡篪先生虽未做官，但一生辗转路桥、临海、黄岩等地，致力于书院教育，桃李成蹊，交友如林，曾被誉为"台州五才子"之一，当为一代地方名士。蔡篪曾赠月河吟社社员蔡燕綦一首诗《子绥读书悟空亭诗以寄之》，诗曰：

> 诸公衮衮筹边务，晓角霜天战马骄。
>
> 何似先生此高卧，白云红叶掩吟寮。
>
> 卷幔山光刮眼青，高梧稚竹立亭亭。
>
> 一灯记话潇潇雨，如此秋声不可听。

蔡燕綦，字子绥，一字申甫，号恭生，路桥石曲人。清同治五年岁贡，同治九年庚午举人，好客能诗，著有《盟水斋诗集》《石曲集》。悟空亭是峰江白枫岙莲花山上的一处景致，蔡燕綦隐居此地，读书其中，蔡篪就写诗送给他，半调侃半祝福，诗友之间怡然唱和，也算人间美事。

在月河吟社的社员中，还有几个才俊之士，值得一说。

王咏霓（1838—1916），字子裳，号六谭，兆桥（今属椒江）人。清光绪六年（1880）进士，授刑部主事，签分河南司行走。光绪十年，随侍郎许景澄出使西欧各国，横渡大西洋取道美国经日本回国，历时3年，沿途以诗记事，撰写日记，被誉为"台州开眼看世界第一人"，后分发安徽知府，三守凤阳，一摄池州，讼简政清。回乡后一心著述，著有《函雅堂全集》《台州大事记》等20部，续修光绪《黄岩县志》。王咏霓先生虽是现今椒江洪家兆桥人，但他年轻时的朋友圈都在路桥，也算是半个路桥人吧。王咏霓也同

样留有一首月河诗友间的寄情之作《夜月寄刘子藜》：

今夜清光好，天涯文字孤。

客愁刚见月，世乱耻为儒。

大地尚荆棘，浮名起钓屠。

寄言刘子骥，善保百处躯。

刘子藜，字子骥，蔡篯曾给他作诗序。诗友之间的唱和之作属他被提到的名字最多，如路桥南栅人陶赞尧（字葵友）也有《妙智寺大悲阁集叠刘子藜韵》，看来是吟社里的活跃分子。

王翰屏，字桐卿，洪家大路王人，为路桥邮亭刘金河门下子弟。同治六年（1867）王翰屏获岁贡。后历任樊川、文达及临海、椒江、太平各书院山长。著有《青箱阁诗存》。

徐梦丹，路桥三桥人，号金门，与蔡二宜、谢德荫等结"善会"，为文跌宕不羁，著有《意云庵稿》。

谢德荫（1841 — 1894），文茂长子，名书蕉，字咸临，号绿轩，路桥谢氏第九世，邑增生，科名镇南，改名德荫（《路桥谢氏宗谱》）。有《辛酉二月二十五日闻贼至》诗载于《路桥志略》。

然而，月河吟社存续的时间并不算长，大约为四年。咸丰十一年（1861）十一月，太平天国军队在侍王李世贤的率领下进入黄岩，打破了路桥文人们平静的生活。同治二年（1863），王翰屏被太平军所掳，后来虽放回，但这期间，诗友们也失去了斗诗的雅兴。同治四年（1865），杨晨考中举人，赴杭州深造，社长蔡篯则到临海任东湖书院山长。诗人们分居各地，吟社活动只好中止。月河吟社的历史虽然不长，但它是路桥本地第一个诗社，社员又是当地文界领袖，影响极大。

"江山代有才人出，一代新人换旧人"。民国二十一年（1932），路桥新一代文人於猷、谢士骏、陈睿、任重、徐兆章、张恩高、

长街文史

应祖耀、蔡恺等，像他们的前辈一样，在月河之畔重新组社，取名"月河诗钟社"。河还是原来的河，街还是原来的街，只是楼中的人变了。

大家推举任重为社长，此时任重已五十六岁。

任重（1876 — 1951），号心尹，路桥后於人。清光绪二十九年（1903）举人，继入北京大学师范科毕业。奖给内阁中书，任广东临高知县、山西岢岚知事、浙江永康县县长。挂官归里后，著有《黄岩方言考证》《河西钓叟诗文集》《尝胆集》等。现今邮亭"福星桥"石刻字即出自任重的手笔。

任重写诗，不同于写风花雪月的诗人，他的诗忧国忧民。1939 年 2 月 15 日，日军舰数艘侵入椒江口，炮击海门，引发大火。任重十分愤慨，写下《海门大火》长诗，以诗纪之。1945 年日本投降，他又高兴万分，写下《日本投降志庆》：

> 谁解重围护小郎，樱花零落日无光。
> 柏林久已强援绝，珠港应将战债偿。
> 趋势变形嗤蝙蝠，当车奋臂笑螳螂。
> 眼前大有兴亡感，沧海于今遍种桑。

月河诗钟社的规则跟月河吟社有所不同，诗钟的规则，是限一炷香工夫吟成一联或多联，香尽鸣钟，所以叫作"诗钟"。每月农历十六日，社员们按年龄顺序由长及小轮流举办会餐，特殊情况可调换及暂停。每次聚会，主人拟二题，一为诗钟，一为诗题。诗钟必须在筵席上完成，诗题可以带回去作，限期交卷。积一年，即出版《月河诗钟社吟草》一本。聚会的菜肴以八碗为主，很是俭朴无排场，由主人出资采购，都是吃中餐。只有中秋佳节是个例外，因社长任重在月河畔建有"读书楼"，每逢中秋佳节，社员们便聚于读书楼上，兹楼突兀空际，皓月当空，满楼是景，赏月兴趣盎然，即使下雨，亦可楼头听雨，遥观夜色。同时床铺亦可容纳远道客人住宿，参与者无不欢乐尽兴。

月河诗钟社的社员很多，下面介绍几位重要成员：

谢士骏（1859—909），邮亭谢家里人，有诗集《亦乐园诗草》和《亦乐园唱和集》。其《少尹解任旋省，赋实事以赠别》：

> 何须伟绩着旍常，赢得廉名去亦芳。
> 豪士官卑原写意，诗人笔健讵嫌忙。
> 风清两袖春三月，泽润千家水一方。
> 试听讴歌声四起，鹭河无处不甘棠。

自注：少尹，指施鸿浦，曾主持浚南官河路桥段。

杨绍翰（1886—1952），字志屏，杨晨孙。有《月河杂咏》诗多首，可惜只留存一首：

> 冬夜闲行到水滨，河如弓样月如银。
> 松堂茭首塘桥蟹，下酒依然乡味真。

路桥人颂路桥特产，倍感亲切。

管震民（1880—1964），祖居长浦，移居南栅头，主要作品有《绿天庐吟草》及《绿天庐诗文集》等。其《怀友》诗：

> 两渡南溟廿四年，故乡消息总情牵。
> 儿时游钓应留影，老去文章不值钱。
> 同学几人先诀别，故交诸子幸穷坚。
> 昆明劫火能全熄，重上人峰话海天。

於猷，字逸斋，路桥人，廪生。

街心公园一隅

陈睿，字赞甫，白枫桥人，光绪二十九年（1903）举人，民国元年县参议员。

张高恩，青阳张氏，光绪间附贡生。

徐兆章，路桥三桥人，字竹坡，清优贡生。

应祖耀，扶雅中学毕业生，民国十四年协助许冠秋创办梅亭小学，民国十七年接替许冠秋任校长。

前后两个"月河诗社"，几乎囊括了从晚清到民国的知名路桥文人，他们以诗为材，以拳拳乡情，构筑起了另一个维度的诗意路桥。

货船启航

内河航运和快船埠头

　　路桥地处温黄平原中心腹地，境内河网密布，历史上交通以水运为主，素称便捷。《路桥志略》载："路桥水运南至太平以达瓯闽，北达灵江以趋台越，东北走海门卫，轮船帆舶远通上申江以至都省。南官河上各种商船往来穿梭，三八集市日更是船多为患。"民国期间，往返于路桥的，有从黄岩县城、海门、温岭及各乡镇赶市船只50多只，还有来自天台、仙居的长船2只。其中黄

岩快船 4 只、温岭街快船 2 只、小河头航船 2 只、金清港快船 2 只、海门快船 2 只，还有路桥和其他各地的船只。停靠码头主要有下里郑家、石曲、三桥、中桥、下洋殿等处。清宋世莘之《路桥船》诗曰：

> 一回潮上一回鲜，紫蛤花蚶不计钱，泼剌黄鱼长尺半，如飞摇到路桥船。

路桥十里长街多船埠，据郑九蝉先生的《路桥札记》中记载，大船埠共有七处。第一处在下洋殿，专门用来下粮船，是路桥大粮商俞成模所建。下洋殿原本是面临大海的一处大龙王庙。凡出海远洋或出海讨生活的人，临出海前，必须至此对海龙王焚香行礼，或是保证他人生命安全，或是保佑他们这次出海顺风顺水。每每一有人出海泛舟，下洋殿龙王庙前，即一片香烟缭绕，钟磬阵阵。

第二处在河西，是河西村人集资所建，专门用于运桶、运桶料。

第三处在三水泾口，路桥第一小商品大王王蒙升出资所建，专门用于往来商船及客轮。

第四处在卖芝桥，专门用来运输商品猪。

第五处是郏家船埠。由民国时期的来自郏县郏氏第十八代子孙名列路桥第一的棉花大商人郏国麟出资所造。所有船埠均有它的特殊建筑结构。盖有屋瓦与可供人坐的连木凳子，有一级一级的水步。正对船埠的街上全是饭店，形似大走廊，中间置有免费供应的茶水与必须花钱吃的小饭摊。每每三八大市，此处即人山人海。现在十里长街唯一列入区文物保护单位名录的只有一处：郏家船埠。

第六大船埠在下里桥，是陈德利木材行出资所建，专门用于上下木材。

第七大船埠在石曲塘桥。凡卖糖的船只全在那儿上下货。

郑家里快船埠头

郑九蝉回忆当年的河上风景：

南官河是路桥最大的河上运输通道。每每三八市日，各地驶来的船只，纷而往路桥十里长街结集。船：有大船、小船、客船、货船；簖：有竹簖、木簖。它们往往在下半夜开始驶至天明。凡临街人家，家家无不是在睡梦中听到船老大因寂寞，一边摇着槽，一边唱船歌，那船桨打着水面，哗哗直响。那歌带着一种莫名的惆怅，仿佛是从遥远的历史峡谷中幽幽传来。第二天大清早一起来，你去桥头看一看吧，你就会发现，满河全是船。那船活似花生壳似的，紧密地排列在一起。南官河河道上行驶的船有两种。一种叫木桨船，这种船有着上千年历史，船是用桨摇着前行。船家合一，前四分之三，用于载货载人，后四分之一用来给船家居。这种船，有着家庭的温馨味道。家中做饭的家具全放在后船舱里。有些船家还在船尾那一点点有限的空间里，摆上几盆花与碧绿色的葱。那花那葱在临风的船尾上生机勃勃地生长着。花是五彩缤纷，葱是绿得翠人，看上去非常夺目。尤其船到路桥船埠后，客人落船，或卸货，船老大忙着打扫船内卫生，他们将南官河水一桶桶提将上来，冲洗船帮与船舱。女人忙着洗衣服、做饭菜。她们将洗净的衣服，在船尾的撑竿上高高地晾将起来。那风顺着河面吹来，衣服在风中飘动，看上去一河全是"万国旗"。做饭的，那炊烟顺着河面散开来，如新疆维族女子面上蒙着的轻面纱。

长街文史

路桥镇城之山——人峰山

人峰山位于十里长街之西，是路桥的镇城之山，依山峦起伏，形成一高一低两个山峰，低者称小人尖，正是僵王祭坛所在，高者称大人尖，海拔 220 米，现建有人峰塔，是路桥的地标之一。

杨晨诗曰："双峰山映三汊水，十里街分五道桥。"诗中倒映在南官河上的"双峰"，就是指人峰山的大人尖和小人尖。人峰对于路桥人来说，是具有特殊意义的。民国时，有"新安十景"，其中有四景在人峰山上，分别是人尖晓日、普泽甘泉、华屿听松、仙人棋盘。它就像十里长街的后花园，每逢假日或佳节，路桥人都喜欢登人峰，观日出，听松涛，饮甘泉。

但人峰对路桥的意义绝不止于此，它还是路桥的人文初兴之地，关联着一个神奇的传说。

古书《穆天子传》记录了西周时期，周穆王驾八骏西巡天下，行程三万五千里，会见西王母之事，被后人当成一个人神相恋的

人峰塔

浪漫神话故事。但每一个神话故事的背后，或许都掩藏着一段真实的历史。

周穆王万里幽会西王母的上古传说，跟路桥又有什么关系？

我们先从南宋陈耆卿的《嘉定赤城志》开始说起。《嘉定赤城志》是浙江台州现存最早的一部定型方志，也是宋代一部极具代表性的地方名志。陈耆卿在其中《纪遗门·遗迹》里记载："古城在黄岩县南三十五里大唐岭东。外城周十里，高仅存二尺，厚四丈；内城周五里，有洗马池、九曲池。故宫基址崇一十四级，城上有乔木可数十围，故老云即徐偃王城也。城东偏有偃王庙。"同书《冢墓门》记录："徐偃王墓，在县东南二十五里胜果院后山，有土砖台址及石笋尚存。"又在《辨误门》提到："黄岩有岙曰徐岙，山曰徐山，或云徐偃王之庙。"

陈耆卿说的胜果院，就是现今路北街道的升谷寺，徐山则是该寺后山。时隔近千年，当地百姓仍然十分崇拜徐偃王，在升谷寺边建庙祀之。

这位徐偃王是何方神圣？为什么陈耆卿在这部志书里反复提及他在黄岩、路桥和温岭一带的遗迹？

徐偃王正是周穆王时期东夷徐国的国君，古书上说他"有筋而无骨"，相传这位徐偃王出生时就有异象，跟哪吒一样是个大肉球，他母亲害怕，就命人弃到野外，没想到被一条叫后苍的狗给衔了回来，从肉球里面钻出了一个男婴。后来其成为徐国国君，一生以仁义治国，深受百姓爱戴，被东夷诸国推为首领。

此时恰逢周穆王西游，有人怂恿徐偃王趁机造反。周穆王正在跟西王母风花雪月，听说东夷反了，也顾不得卿卿我我，急忙赶回召集大军平叛。徐偃王自知敌不过周天子大军，又不忍徐国百姓受战乱牵连，于是决定南迁。百姓感其仁义，数万人举家带口跟随国君南逃。

徐偃王最后去了哪里？史书上并没有明确记载，学界也颇有

长街文史

争议。《史记》载："周穆王联楚文王败徐偃王。"有些学者认为徐偃王早就被周天子和楚文王的联军所杀，也有学者认为，历史上真实的徐偃王，其实比周穆王晚了四五百年，不是同一时期人，后被楚国所败。但没有争议的是，在江浙一带，千百年来一直存在崇奉徐偃王的浓厚民俗，光浙江就有湖州、衢州、宁波、绍兴、舟山等地留下徐偃王庙或墓的记载，台州只是其中之一罢了。徐偃王南迁江浙的故事，在各地上演着不同的版本，但都没有考古上的确凿实物证据。

时间到了公元 1990 年 5 月，当时的路桥镇政府正准备在石浜村人峰山上的小人尖修建一个健身凉亭，施工过程中，发现了一些奇怪的古物，考古人员马上对小人尖遗址进行了抢救性发掘。这次考古发掘共出土各类文物 78 件，其中青铜器含戈、矛、钺、斧、镞、剑、针、锥、尊、勺等各种形制 22 件，原始瓷器含豆、罐等49 件，泥质灰胎陶器 2 件、玉器 5 件。

令人惊奇的是，经考古专家鉴定，这些文物属于西周时期，而且，青铜器大部分属于礼、祭器，瓷器中包含 45 件瓷豆，豆也是一种盛肉的礼祭器物，古代就有"无豆不成礼"之说。这些器物的排列，或单独一件，或五件一组仰置呈梅花形，或三十余件一组呈丁字形侧叠。

其中青铜尊高 23.8 厘米，腹部为云雷纹地饰兽面纹与鸟纹，其形状并见于长安沣西西周墓和安徽屯溪出土的青铜尊；桷是西周舀酒之器，与长安普渡村西周墓出土的形制与纹饰相似；短剑长 24 厘米，剑脊饰勾连云纹，与屯溪西周墓、长兴雉城出土的剑相似。尤其让人注目的是一柄青铜戈，戈阑上端两侧嵌有椭圆形绿松石，是极贵重的礼祭器。

《周礼》载"（天子）以玉作六器，以礼天地四方"，又载"凡诸侯之礼，上公豆四十，侯伯豆三十有二，子男二十有四"的规矩，中国是最讲究"礼"的国度，每一个环节都有严格的规定，

人峰塔剪影

小人尖遗址发现的礼器文物规格，无疑都达到了"王侯级别"。

种种迹象表明，这里曾经是一个极高规格的祭祀场所，举行过隆重的祭祀活动。那么，主祭者是谁？为什么如此盛大的王侯祭祀活动会凭空出现在当时远离中原文明核心带的台州沿海？为何选择海拔 200 米的小人尖顶当成祭祀地？

面对种种谜团，学者们不得不把思索的目光投向传说中的徐偃王，联系起附近众多徐偃王的遗迹和传闻，一个令人激动的答案似乎呼之欲出了——小人尖西周祭坛遗址，正是徐偃王或是其直系子孙祭祀的场所。路桥晚清先贤杨晨曾在《路桥志略》中，称此处为"三拜坛"，看来这种说法并不是空穴来风。附近温岭的大唐岭偃王古城故址以及黄岩秀岭出土的徐器青铜大盘，也提供了佐证。

那么，祭祀的对象是谁呢？有可能是徐人对故土社稷先祖的追念，也有可能，是为了祭祀东夷的主神太阳神。人峰山正对东方，是观日出的绝佳地点，"人尖晓日"是路桥传统十景之一。我们可以想象，当年迁到此地的徐国百官，在徐王的带领下，庄严地登上小人尖，面对烟波浩渺的东海，按礼制摆上玉制和青铜礼器，以及盛满食物的四十五只瓷豆，吹响号角，举行隆重的祭祀，三拜九叩，祈祷那一轮红日从海平面升起，护佑一方百姓，那是何等壮观的场面？

徐氏族人远离了中原的纷乱，来到台州这片山海环抱的平静

长街文史

土地上，被这里独特的环境吸引，跟新石器时代的河姆渡人一样，停下疲惫的脚步，与当地的土著居民融合在一起，开始了安定的新生活。

三次迁址的隋代古刹普泽寺

相对于正式的名字人峰山，路桥人更喜欢喊它为石浜山，因山下有石浜泾。石浜的意思是有石头的小河沟，山下的村子因河得名，就叫石浜村。

石浜泾上有座和尚桥，相传是普泽寺的一个小和尚，因见石浜泾水经常泛滥，两岸百姓常受其苦，于是发愿，四方化缘修建而成。

在古代，路桥从来都不是县治所在，尤其在宋代之前，更是山野之乡，但佛家的慧雨却早早润泽了这片土地。路桥一向有"庙对庙，桥对桥"之说，据说光在十里长街周边，就曾有多达二十余座寺院。"南朝四百八十寺，多少楼台烟雨中"，寺庙文化带给了路桥最早的灵气，这得益于台州"佛宗道源"的深厚传统和民间人心向善的根脉。

普泽寺是路桥有文字记载的最早佛寺，建于隋开皇（581 — 600）中，跟天台山名刹国清寺几乎同龄。在路桥人的记忆里，这座有着一千四百多年历史的古老寺院一直都在人峰山东麓，很多人不曾知道，其实它已是四徙其地。

普泽寺

宋嘉定《赤城志》载："普泽院，在县东三里。隋开皇中建，旧在新安庙南，国朝治平三年（1066）赐额，乾道九年（1173）僧彦琚徙今地。"隋开皇是隋文帝杨坚的年号，这位笃信道教的开国皇帝，把自己比作开劫度人的元始天尊，实施了一系列对中国历史文化产生重大影响的改革措施，采取三教并重的政策，因此，佛教在隋朝时期开始进入鼎盛阶段。

此时，路桥十里长街并没有形成，南官河也没有开挖，但周边已成一个人烟阜盛的村镇。路桥的古称从灵山乡变成了新安镇，不过，现在还没人考证出，新安之名从什么时候开始使用，只知道北宋《元丰九域志》里载有："黄岩有峤岭、于浦、新安、青额、盐监五镇"，说明新安地名最晚在北宋就出现了。新安庙也是路桥古庙，跟灵山乡乡主庙都在河西，传说祀三国神医华佗，算得上是路桥最早的本土神庙了，可惜现已不存。我们尚不知道华佗跟路桥的关系，但新安庙以路桥地名命名，又祀三国人物，或许两者之间存在着某种对应。

最初的隋代普泽寺就建在新安庙之南，属于"根正苗红"的路桥本土佛寺，宋英宗治平三年赐额，标志着北宋朝廷的正式认定，然而，五百八十年后，到了宋孝宗乾道九年，普泽寺已经迁到了黄岩东三里，按图索骥，大致在九峰附近。明代万历年间，又迁回到了路桥旧址，直至清代康熙朝十五年，才真正落户在石浜山麓。

有意思的是，普泽寺作为山寺，却得到了一大批路桥青年儒生的青睐，他们喜欢借居在青灯古佛下，读圣贤书，写文唱和，并以此为乐。

比如，清康熙年间进士南山江家人江济，青少年时曾"山居苦读"，在普泽寺与友论文。路桥街人刘汇有《同江宏济宿普泽禅寺》诗：

剪烛话僧寮，更深月始升。

阶空时吠犬，山隘有吟僧。
拥被迟三漏，论文仅一灯。
男儿尚意气，模楷藉良朋。

嘉庆年间（1796—1820），蔡涛（约1785—1837）也曾在普泽寺读书，写有《普泽寺赠林公》诗：

大人山下寺，水木最清华。
白石香厨饭，青莲阐士家。
点汤寻芰菇，饤果摘枇杷。
特问三乘义，新诗莫罩纱。

另有林孔哲、谢士骏、杨晨、王咏霓、张子远、施济作等，都曾在普泽寺聚读，留下大量诗作。

普泽寺带给路桥人最深的记忆，还有寺边那一口神奇的福泉。福泉在寺的西边，据说泉水常年不竭，清澈甘甜，冬暖夏凉。后来人们在福泉边上盖了一座凉亭，可供登高健身的人们休息赏景，许多路桥人也喜欢在锻炼之余，打几瓶泉水回家煮饭煮茶，"漱口甘于汉殿井，赏心境似惠山图"（徐立群《福泉亭》诗），"普泽甘泉"也成为路桥十景之一。可惜后来因为要建石浜隧道，正好经过福泉，此泉只能荒弃了。

百路千桥万家市
——长街商贸市井——

百路千桥万家市 —— 长街商贸市井

从新安镇到路桥镇

"一个地方自有地名才算是真正的诞生。此前只是人的一种自然和原始的聚落。地名是城市生命的起点……如果说地名是一个城市的文化代号，那么这城市的生命密码就在其中。"（冯骥才语）路桥的地名，乍一听，可能让人一头雾水。路和桥两个最常见的交通用字，竟然也可以组合成一个地名。

路桥的地名从何而来？何时而用？又是谁人而起？一直是萦绕在当地文史专家心头的谜。

因为不管是历代的黄岩县志，还是台州府志，或是文人野史，都没有明确记载路桥地名的由来和启用时间。

人们只知道，在正式命名为路桥之前，这片土地叫作新安。

《元丰九域志》载："黄岩有峤岭、于浦、新安、青额、盐监五镇。"说明北宋元丰（1078 — 1085）前，

长街文史

新安镇就已存在。

镇本是军队驻防地点，始见于唐。后来，因驻军处经常有商贩聚集成市，至宋代，"诸镇置于管下人烟繁盛处，设监官，管火禁或兼酒税之事"（《宋史·职官志》）于是，市镇渐渐演化成人口聚集贸易兴盛的行政区划。

我们曾经提到过普泽寺的历史，《赤城志·寺观·黄岩》载："普泽院，隋开皇中建，旧在新安庙南。"新安庙的始建时间是不是在普泽院前，还有待考证，但这种可能是存在的。有新安庙，必有新安名。而且新安之名必在新安庙前，这一点也是确定的。新安庙旧祀三国华佗，有地方史家认为新安之名始于东汉，有一定道理。

新安，就是新近安定的地方。汉光武帝刘秀推翻王莽统治后，恢复汉室政权，当时全国有许多地方起名新安，这似乎成了当时的一种潮流。浙西、浙东都有新安，也许由于新安重名太多，浙西的新安后来改名淳安，浙东的新安后来改名

路桥。

《嘉定赤城志·卷七·场务（镇、监、坊附）·黄岩》载："路桥镇，在县东南三十里。旧名新安。"

《嘉定赤城志》由陈耆卿于南宋嘉定十六年（1223）主纂完成，说明在此之前，路桥作为镇名已正式被官方确定启用。而另一个南宋诗人不经意间留下的一首诗作，也给我们提供了一个可供参考的线索。

孙应时（1154 — 1206），字季和，自号烛湖居士，余姚人，淳熙二年（1175）进士。淳熙五年（1178）左右，出任黄岩县尉，其间得到朱熹的赏识，三年后去职。孙应时任职黄岩时，曾写过一首诗作《黄岩新安镇膛中和王主簿春霁遣兴》：

> 天惜花时雨易晴，鸟知人意唤春醒。
>
> 归舟兀兀新安路，溪北溪南水正生。

诗中描写的正是从路桥到黄岩县城两岸的风景。身为朝廷命官，孙应时在诗中明确点明了路桥此时仍称新安镇。那么由此可以推出，路桥镇之名，大概率是在 1181 年至 1223 年这四十二年间更改的。

但在路桥民间，流传最广的路桥地名传说，却跟一个落魄的皇帝有关。

北宋末年，金兵攻破都城汴梁，在外的康王赵构被众臣拥戴登上皇位，史称宋高宗。宋高宗被金兵追赶，建炎三年(1129)十二月二十六日从昌国(舟山)渡海南逃，四年(1130)正月初三到章安。

宋高宗赵构

长街文史

初六得到明州（宁波）守将张俊奏报："二十八、二十九、正月二日，凡三遇敌，杀伤相当。"好不容易听到捷报，高宗心情畅快。

然而，好景不长，初七张俊兵败，初十逃到台州，高宗慌了，不敢从水路南逃，于是渡过椒江在三江口登岸，走过山下郎，进入白龙吞，宿在朱砂寺。此后接连下雨，高宗急要动身，经唐家吞翻过不高的白石岗头（现白石关），从埠头堂到马铺，因为高宗的御马因疲惫在此扑倒，所以叫马扑（马铺），高宗换了马匹，向东南而来。

此时大雨滂沱，恰如盆泼，官河上涨，淹没了道路，高宗心中十分焦急，附近百姓闻讯，纷纷拆下门板给皇上铺成了一条应急便道。高宗才得以出去。

高宗问大臣："此处叫何地名？"当地官员立刻抓住机会说："请皇上赐名吧！"高宗想了一会说："此地路即桥，桥即路，就叫'路桥'吧。"就这样，"路桥"之名传开了。而高宗走过的新安桥，也成了路桥十里长街的本命桥。

当然，高宗赐名的故事，史志上并无记载。实际上，路桥地名的出现要比宋高宗时期早得多，在《宋会要辑稿》里，就记载着北宋神宗年间（1048—1085）"路桥场务"的税收情况。场务是宋代官府的税收机构，"路桥场"是典型的宋代桥场，路桥地名本身，就是宋代商贸文化的缩影和象征。

路桥还有个更古老的地名，那就是灵山乡。灵山乡的范围比路桥镇大得多，加上飞凫乡的一部分（现今路北、桐屿一带的区域），几乎囊盖了现今整个路桥区界。

《嘉定赤城志·乡里·黄岩》载："灵山乡在县南三十里，管里二：贵丰、塘下。"

灵山乡是什么时候设立的呢？灵山又指哪一座山呢？

目前路桥史志学者比较公认的是，灵山是从灵龟山演化而来。路桥其实曾有两处灵龟山，《光绪黄岩县志》引《台州府志》

载："灵龟山在县东南三十五里"，杨晨《路桥志略》载："灵龟山，即安溶山南麓之一冈也。"《三溪盛氏宗谱·旧序》则说得更具体："吾邑素称佳山水多文献，故族去余一各许，有蔚然而深秀者曰'灵山'，山下有水甘冽，曰'圣泉'，汛溢潆洄，流下而两涧曰'三溪'。唐季盛公彭年者，先世派分汝南，实闽人也，为黄岩州令官，有遗爱子孙因家焉。今为盛氏始基之祖，乾一府君者是也。由三溪折流而三百步尤秀者，曰'灵茯'，迨七世祖德超公暨其子五，余庆徙居其下，又为灵茯创业之相矣。"这里所指"灵山"就是圣水山，与杨晨所说安溶山相接。

另一处大家认可的灵山是洋屿山。在古代，洋屿山是台州南部海口一个地标，有说其形状像乌龟，所以叫灵龟山，也有说此处曾经有灵龟出没，故名。

《宋书·符瑞志》载："灵龟者，神龟也。王者德泽湛清，渔猎山川从时则出。五色鲜明，三百岁游于藻叶之上，三千岁常游于卷耳之上。知存亡，明于吉凶。禹卑宫室，灵龟见。玄龟书者，天符也。王者德至渊泉，则雒出龟书。魏文帝初，神龟出于灵池。吴孙权时，灵龟出会稽章安。"

灵龟被中国人视为吉祥物，长寿且有神灵。相传上古之时，洛水中浮出一只神龟，背驮"洛书"，献予大禹，大禹依此治水成功，遂划天下为九州。三国时灵龟在章安现身，当然会被当成人间祥瑞大书一笔。

当时的章安可不是一个小镇，而是县治，范围相当于今台州市，现今的洋屿山也是属于章安县治下。

宋太宗太平兴国年间（976－984）乐史撰《太平寰宇记》载："黄岩县，西一百五十里，旧三十乡，今十二乡，汉顺帝永和元年（136）置今温州永嘉县，属会稽郡是也。历六朝不改。"

所以，灵山乡的出现应该在东吴或者其后的六朝时期，是比较合理的。

自古以来，人们都喜欢用"人杰地灵"这样的词语来赞颂一个地方，对于路桥人来说，不管是灵山、新安还是路桥，他们世世代代在同一片土地上繁衍生息，"此间风物最宜人"，也只有当地的百姓最能明白其中的韵味。

十里长街始于一座寺院？

十里长街的形成，得益于一河一寺，河是南官河，寺是妙智寺。如果说，南官河是长街的血脉，那么妙智寺，就是长街最初的心脏。

《嘉定赤城志》载："妙智院在县东南三十里，旧号灵感观音，建隆元年僧南慧建。"关于妙智寺的来历，有一个神奇的故事。

相传北宋建隆元年（960），僧人南慧从四川运送一尊观音像，经过新安，停车稍事休息，当他准备继续赶路时，发现车子竟然不能动了。不一会儿，有彩云绚霞匝纷拥在观音像周边，围观的人们惊异于异相，纷纷请求南慧留下，于是，南慧就在此地营建佛寺殿宇，取名"灵感观音院"。南慧之后，如吉和尚主持寺院，改名为"妙智寺"，路桥人则亲切地称它为"路桥寺""禅寺"。

这个故事跟普陀山开山传说"不肯去观音院"有异曲同工之妙。与普陀山因此成为观音道场一样，对路桥当地百姓来说，妙智寺就是十里长街的灵气所始，所以，他们亲切地称这座寺院为路桥寺。

陆游的祖父，北宋名臣陆佃曾在《妙智寺碑记》中写道："所谓妙智者，佛之所知是也。疏观泣救，无适而非，真可得而不可求，

可知而不可授，虽毋欲以与，季不能也。盖智难口传、妙须心解。"

　　陆佃在文中指出黄岩路桥一带人心向佛向善，是因为靠近佛教圣地天台山。"虽屠羊、履猪、牛医、马走、浆牧、酒保、泮澼之家，亦望佛刹辄或迎其象且拜也。"而我们从这位北宋文人的字里行间，似乎可以看出妙智寺一带，已经形成了相当规模的市井百业。

　　我们不太清楚《妙智寺碑记》写于何年，但陆佃是应曾经做过黄岩县令的兄长陆佖之邀而作，作于元丰六年（1083）前后，当时正逢如吉主持寺院，妙智寺已有寺田数百亩。到了南宋嘉定十五年（1222），妙智寺有田八百二十五亩、山八亩。由于处在路桥街繁华地段，许多街屋之地均属寺产。

　　杨晨《路桥志略》载："自宋南渡，近属畿辅，人物渐繁，商贾渐盛，水利渐治，仕学渐兴。"据十里长街居民世代传说，路桥最繁华的"廿五间"，最初就是由二十五个商贩向妙智寺租用地面

妙智寺遗址（现街心公园）

建成的，又以"廿五间"为基础，发展成路桥宋街中心地带。《路桥志略》载："今寺侧街屋犹纳地税。"可见此说信然。

妙智寺碑记

宋·陆佃（农师·山阴）

　　佛出西方，不知几千万里，其书之契理会道，与中国圣人之言一，又其神灵之寓，光影著见，若今峨眉、天台，感触之异，非独中州之人闻而趋之，虽西域，其徒亦累译而至也，与道家之说蓬莱、方丈，乃在烟海渺茫荒忽不考之外异矣。

　　黄岩远邑也，以邻天台，其俗无贵贱大抵向佛，虽屠羊、履猪、牛医、马走、浆牧、酒保、湔澼之家，亦望佛刹辄或迎其象且拜也。以故学佛之徒，饰宫宇为庄严，则啬者施财，惰者输力，伛者献涂，眇者效准，聋者与之磨砻，而土木之功，苍璜赭垩之饰，殆无遗巧。

　　然其最佳曰《妙智寺》，盖建隆中僧南慧之所造，迨今百年，继者非一，而卒成者，如吉也。余闻之也，所谓妙智者，佛之所知是也。疏观泣救，无适而非，真可得而不可求，可知而不可授，虽毋欲以与，季不能也。盖智难口传、妙须心解，如此今以名其寺，如吉与徒，托而居之矣，当知是也。彼世之人，舍是弗图，而逐逐于外，以事庄严，则虽缔以金银，络以珠玉，譬犹蜃嘘成楼，半出霄汉，其彩五色，终非实相。

　　如吉善住持，置田数百亩，延斋众以为无穷永久之赖，邑人多之，而余兄尝宰是邑，言其善，故与为记。因附以所闻，俟刻诸石焉。

名流云集的宋韵古寺

　　妙智寺和"廿五间"成了十里长街上最为热闹的地段，宋时名流达人来到十里长街，都喜欢寓居在妙智寺，这里不仅有寺院园林，还有内照庵、涤虑轩等闹中取静的去处，更有右军墨池的古风遗蕴，深得文人寻幽探古之心，留下了不少诗句吟咏。

名流中最值得一提的是南宋状元王十朋。他与螺洋大族余氏是亲戚，据王十朋《梅溪前集》卷四诗《次韵表叔余叔成示儿》中可见，他的表叔便是螺洋余觺，而余觺的儿子余壁曾从学于他。余家兄弟三人：余靖轩、余壁、余如晦，王十朋对三个表弟各有赠诗。有一段时间，王十朋频繁往来于路桥和乐清之间，路桥也成了他的必经之地。

由于反对秦桧，王十朋屡试不获。秦桧死后，绍兴二十七年（1157），王十朋终于被高宗亲擢进士第一（状元）。

绍兴三十一年（1161）春，王十朋调入大宗丞，主管台州崇道观。为此，王十朋走遍台州重要寺观。他来到路桥十里长街，参访妙智寺时，见涤虑轩十分清静，夜里就住宿在涤虑轩，写下了《宿妙智寺》一诗：

> 问讯开山始，于今二百年。
> 径幽微见竹，社废尚遗莲。
> 观颂思元老，游庵忆旧禅。
> 匆匆一宿客，未尽涤尘缘。

王十朋一直反对秦桧。秦桧死后，又有史浩等人还把持着朝政，使正直之人无法扬眉吐气，因此王十朋觉得忧虑还是无法涤除，并深深为国家担忧。

后来，王十朋上疏论丞相史浩误国植党、蔽贤欺君等八罪，又论史正志、林安宅罪，这些人皆被罢官。至此，秦桧久塞的言路，总算被打开了。

宋代宿过妙智寺并留下《宿妙智寺》诗歌的还有刘彝、虞策、

长街文史

左誉等人。

刘彝（1017 — 1086），字执中，福建闽县人，庆历（1041 — 1048）进士，历任州县。有《明善集》等。其诗云：

> 万事本无心，宁容意虑侵。
> 方池唯贮月，修竹不栖禽。
> 地静饶真趣，风长展梵音。
> 有人重税驾，经宿乐幽林。

虞策，字经臣，钱塘人，北宋嘉祐（1056 — 1063）进士，历任台州推官、左司谏、吏部尚书。其诗云：

> 禅翁自说逢迎懒，向此开轩最所宜。
> 地僻风尘非我事，夜深水月几人知。
> 澄观成境皆无物，笑指三乘亦有为。
> 行客暂来良自省，不堪勤悴縈成丝。

左誉，字与言，黄岩人，大观三年（1109）进士，官至湖州通判，不久弃官为僧。有《筠翁长短句》。其诗云：

> 过眼烟云是也非，橘槔俯仰正儿嬉。
> 欲知身世俱无染，看取莲花在水时。
> 洗尽尘机万虑空，胸中冰鉴许谁同。
> 今宵正可谈风月，借问何人是阿戎。

从这些宋代诗人的诗句中，我们可以想象到妙智寺充满禅趣的清静环境：寺虽处闹市之中，但独守静雅。寺中种有许多修竹，曲径通幽，轩阁佛殿隐于古木林间，钟鼓梵音却可随风飘至长街

月河之上，半亩方塘的右军墨池里，盛开着朵朵莲花，池中月影婆娑，恍然有一种镜花水月的空灵。

只是，路桥人没想到，这座在十里长街上存在了将近千年的古寺，竟在二十世纪四十年代毁于一场大火。解放后，在原址设立了起重机械厂，部分未毁的大殿被用作厂房，古寺在时代的变迁中被彻底抹去了痕迹，只留在古人的诗文中和老辈人的记忆里，以及一条以妙智命名的文化街。

商贸鼎盛：晚清民国时的十里长街

从南宋的风雨到民国的风云，光阴荏苒，如白驹过隙，经历了无数的盛世和乱世轮回，千年岁月的十里长街却始终像一位睿智的长者，从容地躺在悠悠月河边，看世间百态，花开花落。

然而晚清民国时期的十里长街，是极尽繁华喧闹的。有人把它比作北宋张择端的《清明上河图》，因为路桥的河街像极了北宋的开封，充满丰富无比的市井商贸文化。南官河上货船拥塞，船工号子此起彼伏，快船埠头热火朝天。走在十里长街上，从河西到南栅，店铺林立，百业聚集，人声鼎沸，熙熙攘攘，连绵不见尽头，这恍如画中幻境般的记忆至今深深影响着路桥人。

杨晨在他的《路桥志略》里以磅礴又客观的文字，真实记录了路桥十里长街民国初年时的商业变迁。他目睹了晚清到民国时期，路桥集市的主营业务如何从原始的当地土特产转移到更加丰富高端的外来货物，从而成为远近闻名的现代商品集散中心。

"……然商业之盛衰亦随时而迁变。如食米，前聚三桥，每市太平及各乡米船来百数艘，价值万余金；今太米不多矣。棉布贩于松绍，绸缎来自苏杭，苎葛运从江右，土布土绢则横街各村所织，每市亦几万金，出售温州、福建；其后洋布大行，松绍将绝迹矣。

长街日常

南北杂货昔年约数十万，今轮船畅行，已为海门所夺。鱼盐昔年亦十余万，今为金清所夺。其昔无而今有者，一曰洋货，道光末年东西洋商各以智力争夺利权，如呢布绒线、玻璃灯镜及诸玩物，日新月异，炫巧矜奇，朘人脂膏，莫此为甚。一曰洋烟，本以药料入贡，华人嗜之成癖，道光初年，种花之法既传，食便愈众，士风日颓，细民失业，且有仰药而死者矣；一曰洋纱，本地产棉不多，昔多贩自余姚，今洋纱盛行，人乐其便，乃设布厂，女工织之，或收利于万一也；一曰洋铁，自洋铁行而本铁少；一曰洋靛，自洋靛盛而本靛微；一曰药材，各县药肆多宁波人，吾镇则皆土著，近来东西洋丸药列肆市中，尚未甚信用；一曰钟表，男女皆喜佩置，以为美观，修理亦有专肆；一曰枪炮，自道、咸以后，各乡团防，始有火枪，继尚洋器，往往私斗伤人，资寇行劫，此见其利而害仍不免也。"

都说路桥人"精而刁"，其实，这恰恰说明路桥人是十分善于把握时代脉搏的，他们具有天生的商业嗅觉。随着民国初年国门开放，路桥商人们首先放弃了低利润的粮米土布等传统商品生意，而大量引进更有竞争力的洋货、洋布、洋铁、洋药，甚至洋枪洋炮等军火。虽然开明如杨晨大人，对这种现象也还有所微词，但这并不阻碍路桥成为黄岩县境内甚至整个台州最大最有潜力的商业巨镇。

路桥的资源并不丰富，聪明的路桥人却善于无中生有。

"……本无名山大泽殖货生财，惟当于生众食寡为疾用，舒加之意耳。曰土绢，里人不善种桑养蚕，岁至杭绍买丝以织，质轻价廉，贩行瓯闽（横街、泉井各村制以入市），近能仿造官纱花绢，又有生蓝生乌拷绢（染以拷汁，暑服最宜），各色亦云备矣。曰小布，各村妇女所识，晨以入市换纱，大经布厂招集女工以织，尚颇得利。"

杨晨以土布拷绢为例，生动地描写了路桥人的灵活和勤劳。路桥人没有杭嘉湖丝绸之乡的自然条件，也不善种桑养蚕，但是，却从杭绍购入蚕丝原材料进行纺织加工，竟能做到"质轻价廉，贩行瓯闽"，既能仿造流行的官纱花绢，更能推陈出新，生产出独特的贡品拷绢，形成自己强劲的核心竞争力。

也许，我们还能从今天的路桥商人身上看到这样的性格品质。这些"路桥制造"，源源不断地通过十里长街这个大型商品市场，发送到浙东南各地，甚至走向全国和海外，同时也传播着路桥人的精神和文化。

民国的十里长街呈现出一片色彩斑斓、千奇百态的市井文化，产生了许多有趣的商业习俗与行业规矩。比如，商家们视算盘为圣物，无事不可随便拨弄算珠，也绝不可把算盘置于低处，或坐于其上，以示对商业的一种尊重；不得无故敲击账桌，吃饭时，也不得用筷子敲击饭碗，因为那是乞丐要饭才做的事；扫地时，必须从内往外扫，把晦气都扫出门，如果学徒从外往里扫，那可

是要触了老板的霉头的，会受到严厉的斥责和惩罚。在各行各业中，还形成了相应的行业秘语。秘语，又称切口，一方面是为了方便业者交流需要，另一方面，也是为了维护商业秘密，不被外人探听。

十里长街是随着时代的变化而更新的。1916年，路桥"小木年"（厂号）以木机生产毛巾，此为路桥近代工业之始。后来，经过郏道生、刘治雄等人的创业经营，长街的现代工业体系也渐渐形成。长街前店后厂的模式成为一大景致，一路走来，叮咚作响的手作声、工厂的机杼声与商贩的吆喝声相和相闻，饶有趣味。

商品经济的繁荣带来了交通和基础设施的发展。宋代以来，路桥一直为浙东南著名商埠。南官河上各种商船往来穿梭，三八集市日更是船多为患。民船停靠的码头主要有下里郑家、石曲、三桥、中桥、下洋殿等处。

随着商埠的发展，十里长街终于迎来了历史上的鼎盛时期。

三八路桥市

杨晨在《路桥志略》中说："路桥三八为市，石曲五十为市，百货坌集，远通数州。"

三八为市的意思是逢农历三或八日为一集市，两市之间相隔五天。一个月大致有三、八、十三、十八、二十三、二十八这六个日子是大集市，而十里长街南端的石曲则以五、十为市，加起来有十二个大集市。每逢集市，四面八方的客商汇聚在路桥做买卖，长街上"居货山积，行人流水，列肆招牌，灿若云锦"。

有一首路桥民谣唱得好："三八路桥市，热闹也谁知，前村姑娘卖草帽，后村老妇卖蒲鞋。卖蒲鞋，挨声唤叫五里街。三八路桥市，热闹也谁知，葭沚商人卖鱼虾，塘桥鱼人卖田蟹，卖田蟹，挨声唤叫五里街。"

但这首民谣只是反映了路桥市日的一小部分情况，吆喝的货物基本是本地手工艺品或者水产，远远没有道出路桥极其繁盛的商贸。

长街虽隔五日为市，实际上，几乎天天有市，沿街店铺三百六十行，除了过年那几天，一年四季并无间断之日。有人做过统计，1942年，以最为繁华的"廿五间"街屋为中心，大街小巷有各种商店820家，集市日摊位2100多家，涉及三十多个行业。

长街老巷

在路桥十里长街的历史脉络中，一段段老街巷如时光的纹理，细密交织。这里，每一块石板，每一扇门楣，都沉淀着着烟火味的故事，仿佛轻轻踏步，便能穿越时空，感受那些年华的呼吸。

十里长街自邮电路至河西的这段老街，是老巷子最多的一段，南段曾名三桥，中段为牌前，北段名邮亭，继而过福星桥便是河西街。1966年，这段主街被赋予了新的名字——胜利街、前进街、东风街，直至1981年，这些街巷又恢复了它们原本的名字，仿佛时间的轮回让它们重获新生。

邮亭巷，亦称横街，以邮亭命名，承载着汉代驿站的历史记忆，是十里长街最古老的地标。但十里长街的巷子更多反映的是浓郁的商贸文化。

比如鸭子巷，位于牌前（现中盛桥头附近），这里曾是蛋类交易和海干货的集中地，曾经的每一声叫卖，都是这条老街巷生活的真实写照。

三桥巷，位于话月巷对面，这里曾是羊的买卖市场，因此又被称作"羊巷"。三桥的名字，来源于跨越南官河两岸的"涌金桥"，连接着东西两端的繁华与生活。

元宝池巷，得名于路中那形如元宝的池塘。路桥人赋予它财富的象征意味，它见证了时光的流转，池水清澈，哪怕是天旱，也从不干涸，曾经是这条街巷中最为清新的记忆。

小芝弄，曾是卖小猪的地方，后被文人雅化，成为了一处隐秘而又充满故事的小巷。而话月巷，与三桥接壤，为长街旧闹市区之一。这里房屋稠密，居民集中，解放前即建有小菜场，一直是蔬菜、鱼肉、禽蛋等农副产品的交易场所，店铺甚多，贸易活跃，见证了无数商贾的往来和老街人的烟火岁月。因其聚集较多鲜肉铺而得名"卖肉巷"，后经过文人的雅化，变成了一个充满诗意的地名。这还不够，文人们还把话月巷两侧的短巷命名为南星巷与北星巷，共同组成了"双星伴月"的美丽画卷。

而蒲鞋巷，则是一条充满生活气息的小巷，它的名字来源于在此售卖蒲鞋等生活用品的记忆。

这里列举的只是长街北段老巷的部分记忆，长街太长了，一直往南走，还有更多或深或浅的老巷子，有些甚至叫不出名字来。但每一条巷子，都发生过许多精彩的过往故事。走在这些老街巷中，就像是在阅读一本泛黄的历史书籍，每翻一页，都能感受到那些年月留下的温度。

长街老字号趣谈

街头巷尾的老字号不仅是老街的金字招牌，也是老街的灵魂，还是老街老文化的最佳代表。

十里长街的繁华商埠中，曾经产生过无数个脍炙人口的老字号。每家老字号里，都有着众多活生生的人。老板、伙计、学徒、客商、街坊……老老少少，都认真又自然地活在长街里，在属于他们的那个时代把自己演绎成一个个鲜活的故事。

　　如果你在长街上碰上一个记忆强盛的百岁老人，随便掐指就能给你说出一长串的老字号：同德医院、裕昌南北货、蔡恒昌南北货店、恒昌杂货店、醇和饭店、杜康源酒店、久华绸缎染坊、苏培源药店、普明织物厂、靴鞋庄、戴协顺南北货店、刘奚记炒豆店、德大药店、杨泰康药店、萧仁利烟酒店、同德利、回时春药店、茂兴泰布庄、元记糕饼店、萃康酒店……

　　也有文人曾经给路桥的部分老字号编了一首诗：

> 顺裕兴隆瑞永昌，元亨万利高丰祥。
> 泰和茂盛同乾德，谦告公仁协鼎光。
> 聚惠中通全信义，久恒大美庄安康。
> 新春正合金生广，润发原洪源福长。

　　虽是游戏之作，但从这首诗中我们可以看出路桥商业文化的价值取向。这些店名透露着商人们对事业和人生的美好期许，也表达出他们的信义公仁、正合谦通的经商准则。正是有了这样义

长街市集

利兼容的思想，路桥的商贸文化才走出了自己的路子，形成鲜明的特色，并深深融入路桥人的文化基因里。

长街店铺林立，同行之间难免竞争激烈。但是，大多同行老字号却和睦相处、谨守商道，许多老板之间还是无话不说的朋友。二十世纪三十年代初，路桥中桥蔡裕昌南北货店隔壁有一家"大德生"酒酱号（解放以后并入路桥烟酒商店）。老板是外地人，名叫蔡学标。店里主要卖酒酱腐乳、酱油、醋和麻油等，商品货真

敲糖担

价实，买卖公道。大德生隔壁蔡裕昌南北货店除经营南北货外，还经营老酒生意，蔡学标的父亲碰到隔壁的老板蔡兼谷讲："老先生，我是客地人，到路桥混口饭吃，我店里卖酒，你也卖酒，恐怕多少会影响贵号的生意，请多包涵。"蔡兼谷大笑讲："店多能立市，生意自做自，不要介意，何况你也姓蔡，我不会嫉妒的。"隔壁蔡裕昌家设有酒坊，老酒是自己造的，成本较便宜，但他家也不压低酒价，售价和大德生相同，生意公平竞争。大德生经营的大元酱、酱油、腐乳等，隔壁是没有的。蔡裕昌对寺、庙、观庵修行人来买南北货时，还加以介绍。两家相处和睦，从不和隔壁争生意，各人做各人的买卖，谁也不欺负谁。

还有位于中桥的张文忠饭店，也以"和"字为经营宗旨。这家饭店原是张文忠的岳父开办，妻舅蔡启平是读书人，觉得开饭店辛苦，平时不去店里帮忙，只和朋友喝酒作乐，被人称作"饭店公子"。而张文忠吃苦耐劳，又烧得一手好菜，最终岳父决定饭店生意由他承接。张接手饭店生意后，和附近商家的老板和伙计关系处理得很好，业务扩展了很多。各商号中、晚餐加菜和夜

点心生意都交由张文忠饭店来做。岳父去世后，妻舅蔡启平无业，生活上的一切都仰仗姐姐、姐夫照料，张文忠也无任何怨怪之言，还利用饭店设施给蔡启平开设书场，成为讲书之所。

民国时期，十里长街的繁华地段——"廿五间"，同时开设有蔡聚兴布店、李正昌布店和富国布店，三家布店也是诚信经商，公平竞争，从不说对方坏话，把声誉放在经商的第一位，为路桥商业繁荣增色不少。

看来，"和气生财"是刻在路桥生意人骨子里的信仰。除了和气，诚信也是路桥商人经商的不二法宝。

一心丝行位于十里长街"廿五间"口，老板罗帮淼，路桥中庄人，数代开设"拷绢"作坊，对蚕丝的优劣十分内行。丝行采取前店后坊模式，汇集了黄岩县南乡生产的"下浦陈丝"、西乡生产的"六都丝"，还有"新昌丝""诸暨丝"等产品。针对卖丝者因货物没卖完而无处寄存的烦恼，他采用先以较便宜的价格买下未卖完的蚕丝，再在半月后付清货款的方式。由于罗帮淼信用良好，原定半个月的货款往往一周就能付清，很得丝贩们的信任，生意越做越好。

旗袍店

路桥磨石桥附近曾有一家张通和饭店，店面临大街，规模不大，但生意十分兴隆。因饭店和南官河的汽船埠头近在咫尺，所以饭店兼营旅店，主要承接温州、平阳、瑞安等地的客商。老板张云通，为人厚道，收费公道。饭店的饭菜美味可口，店里床位清爽、价格便宜，对客商们寄存的货物保管仔细，让人有宾至如归的感觉。特别是为防客人钱财被抢劫，还在替客人保管"银圆"的糖桶里，做有暗放银元的隔层，使客人特别安心，因此回头客人越来越多，还相互介绍其他客商前来住宿，以致"张通和饭店"无法全数接待，只好动员邻居们也开起饭店，分头承接生意。直到解放前，磨石桥附近还开有三家饭店，人称"三间头饭店"。

十里长街的沿街店铺大多规模不大，以一间或数间店面为多，但就是这些小店，却有着极其顽强的生命力，往往传承数代，成为繁华商埠的主体。长街的老字号大多自带独门手艺，这也是他们长期存在的法门。

比如清光绪年间，开设在路桥中桥墙里店的一家规模较大的蔡恒昌南北货店，老板蔡子钦，店面为五开间，经营有红糖、白糖、桂圆、荔枝、木耳、香菇、冰糖、豆面、柿饼、金弹饼、粉丝、红枣等，是街北端第一间像样的南北货。该店除零售之外还做批发生意，前来批发的小商贩都是乡下小南北货店店主。店家把南北货食品的营养价值总结成易记易传的行话，比如"桂圆荔枝好吃补，南货店倌变黄牯""吃名声猪肉焐金针，要吃补碱枣浸老酒"等，给予买家和商贩指导，增加店铺附加值。

刘奚记炒货店的炒货可谓路桥一绝，最有名的是"歧豆"，它用青皮的黄豆作原料，排去残豆后浸水略胀，然后放在砂中炒。炒时注意火候，火力不猛也不弱。出锅后没有一粒"硬子"，分量轻而味道脆，是"佐酒"和"茶食"的好食品。他家的"歧豆"很有名，远近小贩批发到赌坊、茶楼零售。

中桥、三桥曾有两家酒酱店，店名同是蔡醇和。老板蔡振河，

时任路桥镇镇长，为杨晨连襟。蔡振河忙于政事，店中一切事务主要委托一袭姓老板负责管理。蔡振河经营酒酱店，主要出售自家制造的大元酱，名气很大。制作大元酱，先把川豆去壳炊熟，拌粉加盐，发酵下缸，天晴开缸盖晒，阴天加盖。天凉时缸外用稻草席旧棉浆包裹，使元酱充分发酵。元酱在出缸前，在缸中间放一密眼竹箩，元酱的液汁渗到箩里，这就是"元油"，味道可口，是蔡醇和酒酱店的特色产品。

清末民初时，路桥三桥的森玉珍南北货号，面对雄镇庙，旁边是话月巷菜市场，货色齐全，特别是红糖、白糖十分有名。路桥人当时有"红糖白糖森玉珍，桂圆荔枝何日升"的俚语。该店除了销售温州、平阳、瑞安红糖外，还派人长驻在漳州采购"漳刁"红糖，作为本店特色产品销售。该红糖甜分足，没有沉淀物，用于坐月子调姜茶，做糖糕、糕饼店用糖，深受顾客喜爱。白糖则是从仙游等地运来，也是当时一种优质糖。

十里长街的新安桥边，曾开有一家糕饼店，店名邱庆馀，老板邱逸轩。由于糕饼有特色，又在"廿五间"开设分店源记糕饼店，在路桥颇有名气。邱庆馀糕饼最有名的是"九香糖"。它是用赤芋娘捣成浆，加芝麻、桂花、糖，用素油泡制后，再外浇一层糖。九香糖是一粒一粒呈四方形，状如腐乳。入口香脆绵甜，老少咸宜，出家人尤为喜爱。

再如：林聚兴、林光尧兄弟糖坊生产的糖饮糖饼质量好，水分少；应醇和皮蛋坊蛋黄嫩黄，蛋白翠绿，色泽鲜亮；龚合兴肉皮店做的肉皮"炮膏"原板原档，不烧冷油；杨顺兴蜜饯行的橘饼、金弹饼、冬瓜糖、杨梅干，都是路桥人特别喜欢的美食；而一利厂的蘑菇油，同康分号的老酒等，也都各具特色。

长街上还有许许多多前店后厂的手工艺店，可谓"三百六十行，行行出状元"。除了规模较大的纺织印染业，在机杼声声中，从长街走向全国之外，哪怕是任何一种微不足道的老手艺，也能在长

长街文史

街谋得一席之地。

旧时民间嫁女儿，有所谓"十里红妆"之说，齐全的桶货是必备嫁妆之一，如米桶、脚桶、浴桶、倒汤桶、吞兜、扁桶、饭桶、茶盘、花篮等等。路桥圆木即是做各类桶货，指把杉木（或柏木）运用特色工艺制作成各种木制品的一种工艺。一个好的圆木产品，需要木匠、雕花匠、漆匠的共同合作，路桥手工艺人所做的桶货选材讲究，造型新颖大方，经久耐用，制作工艺细致精湛，漆画美观，常含美好寓意。十里长街河西街是圆木店的集中地，曾聚集着十几家店，且各有特色。规模最大的是"王合顺"圆木店。另外还有罗启顺、夏开阳、徐从禄、王仙岩、王善顺、王仙友及陈理玉等圆木匠工。

民国时，路桥河西街有一家纸扎铺，老板谢会民，有一手纸扎的好功夫。他用白宣纸折叠，蘸上点颜料，很快能剪出颜色不同的黄菊花、红山茶、白绣球等各色花卉，且花色样式栩栩如生。因他的店铺是当时十里长街上唯一的一家纸扎铺，所以生意很好。谢会民是一位有文化的生意人和手艺人，他还写得一手"柳体"字，深受邻居任重先生影响。谢会民还喜欢作"打油诗""顺口溜"。所编的作品形象生动，刻画人物入木三分，所编的"俚经"在路桥民间流传较广。谢会民除经营纸扎外，还兼租赁汽灯生意。汽灯是当时亮度最好的一种照明工具。在电灯没有普及的情况下，

民间小贩

民间小手艺

稍微富裕点的人家遇到结婚庆寿等办喜事，都租汽灯照明。谢会民纸扎铺采取"一条龙"服务方式，既出售纸扎品，又租赁汽灯，很受当时人的欢迎。

路桥有句俗语"石路窟的蚊虫，河西头的灯笼"。河西的灯笼很有名，灯笼店的主人夏夜春，自幼即从其父学刻漆画，继而制作灯笼。普通的灯笼壳到他手中，会千变万化出各种图案，因而有"灯笼公子"的雅号，在路桥很有名气。解放前，年轻时的夏夜春不甘心在路桥小天地里生活，去上海闯十里洋场。他和温岭的陈学芳一起凭着深厚的画画功底，曾在上海各剧场画布景，很有一些名气，被称为台州上手老师。同时，由于经常接触到京剧界人士，他虚心请教，学习京剧唱腔，参加"票友"演出，在上海戏剧界也有一定的小名气。抗战胜利后，夏夜春回转路桥，参加庆祝抗战胜利义演，节目有《新访棉花》和《月下追韩》等。七十年代，他年事已高，回转路桥重操旧业，除给剧团画布景外，对灯笼的画工艺术更加精益求精，并把制作技巧传于兄弟子侄等人。

旧时长街的医药行业更是发达，是远近闻名的中药材中心。这些老药店兼具诊所功能，为中医药在十里长街的传承发展起了重要的作用。比如苏培元参药店，老板苏长春精通医术，尤其对胃病等消化不良病症有独到见解，在路桥、温岭、玉环都有较大名气。

长街文史

王星亮是长街的一个传奇人物，他是武术高手，曾表演"钉山打石""手卷钢板""力拖轿车"等绝活，凭借多年习武经验，对接骨续骨很有研究，在牌前设有"王星亮伤科"，培养了应有胜、王国富等徒弟，后来成为路桥中医院骨伤科的骨干。

路桥阜大药店开设在十里长街的老马路下，四开间店面，后宅院有药库数间，规模颇大。经理金禹言，行医出身，对药的鉴别、泡制等经验丰富，素有"药王"之称。他卖药诚实守信，有一次发现所买的贵重药材"羚羊角"为假货，虽然价值千余银洋，也当众焚烧。在他的影响和严格要求下，阜大药店

"大力士"王星亮

人员在卖药上也十分诚实认真。如保管林法斋，在一次贵重丸散配料中，因缺少一味药，他宁愿不配，也不用替代药材。因此阜大药店名气很好，生意遍及周边县市。自清末民初开业至解放后公私合营，"阜大"一直是路桥药店的金字招牌。此外，还有新泰康中西药房、朱永丰药店、大陆药房等老字号。

在长街的历史上，中医老字号如星辰散布，也涌现出了不少名医，如戴金衡、官希民、张善元等。到了二十世纪七八十年代，传承近两百年的黄岩章氏骨伤科老字号"保春堂"也迁至十里长街，后来章氏骨伤科在路桥成功申报国家级非遗。

同业公会与商会

老街老手艺人的故事说不完，也道不尽，各行有各行的代表人物，各行也有各行的规矩和章程。

据《民国黄岩县志》载，民国后期，长街上先后成立的同业

公会就多达五十余家，涉及南北货、百货、水果行、糖、酒、烟、酱、山货、油、肉、咸鲜、饴糖、菜馆、粮食、茶叶、棉衣、绸布、棉纱、土布、呢绒、鞋、帽草、丝线、纱布、络麻、棉花、木材、席草、针织、估衣、染色、汽车、轮船、民船、水作、木器、纸、镴器、铁器、铜器、五金电料、煤油、油烛、铜锡器、瓷陶器、板炭、煤炭、图书用品、国药、西药、摄影、税庄、典当、钱庄等行业。

而路桥商会的历史最早可追溯至晚清。光绪三十一年（1905），路桥组织商人团体，以汤寿潜、刘锦藻为总协理。三十二年路桥始立商会（《杨晨年谱》），开台州六县之先河。宣统元年（1909）四月，路桥镇商会设址南栅庙（《路桥志略》）。民国元年（1912）十一月，路桥镇商会成为中华全国商会联合会的发起单位之一，彰显了路桥商业在全国的地位。正如民国初年路桥商会会长戴禹度所叙："敝会为黄温两邑交通要道，舟楫便利，四通八达，每年出货四五百万元，商业之盛，倍城区为多。"（《全国商会联合会会报》第二年第十二号，1913年）

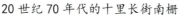
20 世纪 70 年代的十里长街南栅

民国后期，在以刘治雄为首的进步工商界人士带领下，路桥商会通过创办商业补习学校、组织商人义警队、救助机构和同业公会等，在调处行业纠纷、凝聚商人精神、促进路桥社会经济发展等方面都发挥了积极的作用。

"以勤为路，以诚为桥。敢闯善为，商行四海"的路桥精神，从那时便开始沉淀为路桥商人的精神底蕴，凝聚成路桥最浓厚的文化基因。

民国时期路桥区商会历史一览表

时间	名称及会址	主要负责人	主要业绩	附注
宣统元年（1909）	路桥镇商会（南栅庙）			奉谕组织
1911～1915年	路桥镇商会	会长:戴禹度	中华全国商会联合会发起单位之一	
1927～1931年	路桥镇商会（新殿庙）	会长:张献庭 张服先		第二届大会
1934年	路桥镇商会（新殿庙）	会长:马万登		第三届大会
1936年	路桥镇商会	主席:马万登;常务委员:蔡兼谷、何宝荣、叶莘候		改选
1938年	路桥镇商会（新殿庙）	会长:陈文祥		第四届大会
1939年	路桥镇商会（新殿庙）	主席委员:叶莘候;常务委员:蔡兼营谷、何宝荣、林兰亭、郏道生;执行委员15人		1939年12月19日召开第一次会员大会
1942～1943年	路桥镇商会（九老社）	主席委员:陈文祥;常务委员:叶厚志、刘雪香、吴伯均、王楚泉		1943年8月10日召开镇商会二届会员大会
1943年	路桥区商会（南栅庙）	理事长:刘治雄;常务理事:陈跃亚、吴春舫;常务监事:张服先	调处商业纠纷、查·报战后损失、济荒,扩大会员,改选同业公会	1943年12月7日召开第一届区会会员大会
1946年6月	路桥区商会（南栅庙）	理事长:刘治雄;常务理事:陈跃亚、吴春舫;常务监事:戴华;秘书:王才俊	创办商业补习夜校、创办商人义警队、组织西药	1946年6月15日改选
1946年9月	路桥镇商会	会长:戴禹度		奉令改称

民国长街的基础设施建设

随着近现代新技术的发展，古老的十里长街也跟上了时代的步伐，引进了当时先进的邮政、电信体系，长街在原本四通八达的河运基础上，公路运输也迅速发展起来，促进了路桥商贸业的进一步繁荣。

邮政

光绪二十八年（1902）十月，路桥设立邮政代办所，由海门分设代办所于本街，由五源丰商号承办。官办海门邮局辖黄岩、路桥邮政代办所。

1912 年 12 月，建立路桥邮局，地址在松友桥西，为二等乙级局。

电报

1930 年 10 月设立电报收发处，地址在"廿五间"，由商人吴光国承办，其电报由黄岩县电报局转（《路桥志略》）。1934 年 6 月，改为代办处，外来电报可以直达。1936 年，电报业务种类有：官军、局务、公益、私务、特种等 5 种电报。特种电报又分：紧急、专送、分送、邮转电报。1940 年 3 月，设立路桥电报局，1943 年新增电报业务：交际、特约减价、书信、国内夜信、国内简便等 20 余种。

电话

1931 年 3 月，架通黄岩至路桥、路桥至泽国、路桥至海门乡村电话线后，于 10 月在新殿巷东头设立路桥电话代办处，由商会集股设立，以乡村支线名义接办路黄、路椒二处；其时，尚有泽国乡村电话支线局分设路桥。11 月，成立路桥长途电话局。市话分 8 类：普通、合用、公用、自用小交换机、专线、区外、警铃（报警电话）、标准钟。1938 年，增设同线电话、电话副机及附件（听筒、分铃、插头）、互通机、码头电话 4 种；市话按用户性质分 4 种：甲种住宅，乙种商店、工厂、医院，丙种银行、钱庄、旅社，

丁种机关团体。1948年，路桥支局交换机5座席、80应答闸口。电话机大部分是壁挂机。

民国初期长途电话种类有军政、私务寻常、公务业务等3种。1931年，直接与总局或经转局及其他各局通话时间，限定每昼夜1小时。抗日战争开始后，增加防空电话。1944年，增夜间、特急、特快业务。

水陆运输

1930年3月，黄百诚创办黄椒汽船局，置"黄椒号"汽船，往返温岭县城、泽国、路桥，为温黄两县第一艘内河客轮，随后，又添置了不少客轮货轮。

1930年10月，徐聘耕、黄慎五等筹备黄泽路椒汽车股份有限公司。1932年1月，黄泽路椒汽车股份有限公司成立，设在新殿巷东，总车站在三桥外青泗洋（《路桥志略》）。后迁至杨同仁当店内（永跃电影院东侧）办公。下设营业、会计、总务三课，共有管理人员20人。第一批3辆车是美国进口的"雪佛兰"汽车，由海运进入海门港，公司先后购入汽车13辆，均为进口车，其中客车10辆，货车1辆，小客车2辆。

1932年4月，路椒公路筑成。5月，路桥至海门通车，有3辆雪佛兰汽车参与营运，是全台州首营的汽车客运。

1933年9月，黄（岩）泽（国）公路筑成，10月通车。设站点12个（其中黄岩、路桥、椒江、泽国自设站），每天安排11个班次。车辆发展到13辆，还安装了专线行车电话。路桥车站是全县交通管理机构，有总站之称。

电厂

1931年3月，潞沂电灯股份有限公司在长街老元丰和栈房处创办，发起人为王雅亭、吴春舫、张服先等二十名。电厂发电机引擎是新冷水柴油引擎，配发电机一台。电线木杆一百支，输电线用镀锌铜线二千丈。供电方式为交流电220伏，但供电时间只限于上半夜。抗战之时，油价飞涨，电厂受战事影响，于1940年12月歇业，路桥镇直到解放后才恢复用电。

黄泽路椒公路汽车股份有限公司证章

店铺学徒习俗

路桥宋时立街，经明、清两代至清末，已建成十里长街，店铺万家，商贾云集，市井繁华。鳞次栉比的店铺，其经营人员除了自己的儿子、兄弟、亲属外，还多向社会招收学徒，从而形成独特的学徒习俗。

来店学生意的大多是十多岁的青少年，他们有的由家长自荐，有的请中间人介绍。到店铺当学徒后，要拜老板为先生，老板娘为师娘。做学徒一般要做满三年，俗称"三年徒弟，四年半桌"。学徒能否学到本领，除了先生能否真心诚意地传带外，主要靠自己的脑子是否灵光，手脚是否勤快，业务是否钻研，有时先生传艺留一手，全靠自己处处留心。

学徒除学生意外，晚上睡在店堂间，下午关店门，早晨开店门，有时还要承担繁杂的家务劳动。学徒期间，老板只包吃住，不发工资。三年学徒期满，如先生与徒弟双方愿意，可留在店铺当"伙

计"。"伙计"就是相当于现在的职员、职工，老板要发工资。

　　旧时，店铺老板与被雇人员的地位不同，在日常生活中体现出来，如吃饭时，好菜先生不吃，其他人是不好先动筷子的，一锅饭第一碗要先盛给先生。伙计、学徒吃饭时往往站着就餐，还要给先生盛饭。学徒要牢记"第一碗不吃菜，第二碗不淘汤，第三碗才开荤"的警言。有的贪吃的学徒若不识相，吃饭时专挑好菜吃，先生发火时，会将整碗菜倒在他的饭里，弄得学徒下不了台，以后不敢"放肆"。有的店铺吃饭干脆分班吃，先由老板全家及当手等高级职员就餐，吃好后的剩饭剩菜由伙计、学徒吃。

　　逢年过节时，如五月端午、八月中秋、春节，店铺老板也买点好酒好菜招待店铺职员，有的在吃年夜饭时还发给"红包"。然而三个节日，也是老板回头生意的时期，此时老板可以找出一些理由，如生意不好啦，自己亲戚要来啦等理由解雇职员。被解雇的职员没有解雇费，少数工作年限长

木雕手艺人

的老职员，发给少量路费等。腊冬十二月，是春节前的旺季市场，各店铺生意兴隆，老板为鼓励职员卖力干活，当月的工钿是发"双薪"的，俗称发"双工钿"，此举也让职员有一个辞旧迎新的欢乐心情。

长街文史

义利兼容的长街商人

汇泾亭

长街商人好义，也许是长街发源于寺院，天生带了佛教慈慧济世的基因；也许是南宋之时，以叶适为代表的，主张"通商惠工，义利兼融"的永嘉学派在此地深耕的结果。

据《路桥志略》载，晚清之时，光在十里长街之上，除明文、於氏、石曲三个以捐资助学为主的宾兴祠外，还有十几个慈善机构。如：

义仓 光绪十五年五保分设，后为经董侵蚀，年荒米贵，仍派富户平粜。惟邮亭尚存，三桥、河西犹有残余。

义济社 在南栅陶家东，光绪十五年创立。里人以贫民道殣无地掩埋，率钱施槥买地石浜山下，收筑丛冢，旁建堂屋五间，曰"孤魂祠"，清明中元作盂兰会。有田二十六亩，店屋四间，收租给费。（丁岙亦有义冢及祠。则田五亩五分七厘，租谷十一石一斗五升，连佃田二十一亩八分五厘，租谷五十八石九斗八升，市房楼屋四间。——补注）又洪洋有逍岙虎山义冢（则田三亩二分，租谷六石一斗）。

新安水龙会 光绪十九年创立。因里多火灾，醵资购置水龙，募人习用，以备不虞。后俞姓捐出存款一千元存铺生息，又有柴捐以为修理及水夫之用。

同善堂 在陶家东，光绪三十年曹巡检晋泰因旅人养病无所，率钱作室，捐舍药材，以栖止贫病者。方明经来为之记。（则田七亩六分六厘，租谷十五石三斗三升，连佃田三亩三分，租谷九石

四斗，存洋一百三十四元）

恤嫠会 道光间里人以吴孝廉病殇，嫠妻乏食，捐谷济之。后乃推及文生之嫠妇，岁给米石，或曰吴义捐，从其朔也。（则田二十一亩二分四厘，租谷四十一石）

四仁公所 在陶家东。以鳏寡孤独、贫苦艰难倡捐。则田四十亩，租谷八十石。（民国壬戌，不肖遵先大父遗命，复益以坐方家埂、毛林等处，连佃田三十九亩零五毛，租谷一百二十石，合前所助，共租谷二百石，归诸公所，以惠穷黎而承先志云尔。——补注）劝各殷户亦各捐田（租谷无收之田后均发还）。每人月给米一斗，定额一百名（河西三十名，邮亭、三桥、南栅各二十名，河东十名）。谷储所内，与各项公租择人经管。（则田七十五亩四分八厘，租谷一百四十五石六斗三升，连佃田六十八亩一分七毛，租谷二百零二石七斗五升）

石曲长生会 道光六年设立，里人李旭东、方延祺等捐助田四十亩，以为掩骼埋尸施棺舍葬之用。（则田四十二亩三分三厘，

东岳庙

租谷七十八石五斗三升）

洪洋茶亭 嘉庆元年里人林章强、陈兴涛等创建，原有田三十九亩零，后被住持盗卖，现存二十二亩零。（佃田十九亩五分连佃田三亩四分）

义茶店 清朝光绪年间，大兴"宾兴祠"，读书人经常聚于此地，探讨学术，交流学习心得。每逢"三八"路桥市日，赶集的茶店百姓和读书人，数以万计。为了方便读书人与赶集的百姓，由宾兴祠发起倡议，与东岳庙和关帝庙一起，在庙旁的楼房内设立"义茶店"，长年免费供应过往行人茶水，经费由三家均摊。"义茶店"在民间反响很好，直到解放还存在。

育婴堂 在石曲塘桥外，民国二十一年创立，里人徐乐尧、张善元等以东南各乡距城辽远，每逢溽暑祁寒，所送婴孩或有道毙，因倡捐设立。然经费未裕，尚有待于扩充。（连佃田三十五亩六分二厘，租谷九十九石六斗，则田三十三亩二分二厘，租谷四十六石五斗，存款一千四百五十元）

石曲济急堂 民国十三年里人张善元创立，以救济贫民，施医舍药。

造桥铺路者，更是数不胜数。在河西街，就曾立有乐善好施坊，是杨晨父亲杨友声在临死前遗命捐银一千二百两，修治沟渠街道，有便行人，光绪帝下旨给坊，后来，杨晨也曾出资两千金修缮十里长街路基。民国二十二年(1933)，由各商户住户出资，又将南栅、三桥、邮亭三保街路重修，河西全街则由杨晨之孙杨绍翰独力捐修，费八百余金，石料工价俱较前倍蓰。

因为有了十里长街完善的公益慈善机构体系，在宣统元年(1909)，路桥镇设立了中国第一个镇一级的基层自治所，由谢士骏担任总董。当然，除了群策群力的慈善机构，十里长街许许多多的普通商家也留下了许多脍炙人口的慈善故事。

比如蔡福昌糕饼店的老板娘，便是一位心地善良、乐于助人

的好心人。当年粮食为宝中宝，穷百姓家中经常有了上顿没有下顿，贫穷人家的哺乳小孩常因缺乳而夜啼。老板娘知道后，就把自家做糕饼剩下的粉料加上花岑、米仁等磨成"米糊粉"，送给缺乳婴孩家，帮助他们解决困难，左右邻居对她评价很好。

　　路桥是商贸重镇，来路桥经商做工的人很多。抗战时期，居民生活非常清苦。很多孩子找不到工作，想做小生意又没有本金，只能赋闲在家。大亨里有个老板叫俞伯舜，看到这种情况，想到了一个既能帮助这些穷困失业的孩子赚点钱，又能培养他们本领的好办法。他设计了统一的糖盘和服装（印有"小卖部"字样和号码），请糕饼老师统一制作了花生糖、芝麻糖、广东饼等零食；又购进整箱的"老刀牌""红炮台""哈德门""骆驼牌"等香烟，让小孩们去车站、小火轮码头、戏院、茶店等地去零售。本金由他出，利润归孩子，当日结账。俞老板这一举措，很受家长们欢迎。就这样，路桥很快出现了一支"小卖部"队伍，日里叫卖，夜里盘账。很快，队伍越来越大，叫卖的范围也越来越广，帮助人们度过了抗战时期难熬的岁月。

　　"授人以鱼，不如授人以渔"俞伯舜虽非富商巨贾，但就是这小小的义举，完美地体现了路桥商人义利并举的精神。大亨里小卖部，虽微不足道，也值得被后人记住。

《广惠茶室记》

（清末民初）方来

　　茶堂之设，所以济行人之渴饮，德不过小惠而事则出于仁心，固出乱子所乐道也。路桥为邑南巨镇、来往通途，南则自太而瓯而闽，北则自临而宁而吴越，万商奔走，皆由于此。每当炎夏燠暍逼人，负者任者劳勒道路，求浆无地，委顿难言。于是蔡母陈孀人见而怜之，思有以济其困也。于光绪六年谋诸某某，醵金购老屋壹间半于岳庙前，积薪煮苦茗，设甗当路，以便人求已有年矣。十九年夏，以湫溢不堪，恐不足支悠久，乃先出己资，复醵于人，得若干金，将老屋改建三层楼，凡三楹下以储茶，上以奉佛斋、寝庖湢诸所悉备。予名之曰"广惠茶堂"。及落成，既请唐邑侯（唐济，十八年至二十年任）给谕以示众，复嘱予作文，伐石以记之。

予谓人生天地间，凡与吾并生者皆有各得其所之愿，自贫富不一、劳逸殊途，虽圣贤亦无可如何，故凡可以利济于人者，即为之而不敢后，所谓欲立立人，欲达达人，感化之心有必至也。解衣衣我，推食食我，博济之量有必周也。然有时势有所格，不能称心以普吾量，则于水火之求饮啖之患事，故虽小实有便益，兄敷吾惠亦所宜为，是施茶之举，未尝非仁术之一端也。乃视世之为浮屠氏言者，好靡费于无用之地，如装塓宝相赭垩招提，穷尽华丽，自谓莫大功德，由是屠羊履猪，牛医马走，酱牧洴澼之徒，皆不惜汗血之资布施恐后，究之嘘蜃成楼，终归空幻，远不若母之所为，虽小惠而出仁心，有利济人之为得也。嗟乎，母固非士夫也，能好善而不效浮屠氏之为，使被泽者共感德于茅，君之穆陀树而五内清凉其意见之过人不诚远哉！故乐得而为之记也。

（录自《石曲方氏宗谱》）

十里长街的三次"劫难"

路桥开放的商埠让商品经济爆发式增长，可由于民国法制的不健全，社会动荡，也充斥着各种光怪陆离的现象。比如洋烟，里面掺杂了许多大麻鸦片类的毒品，吸食毒品的流行导致路桥"士风日颓，细民失业，且有仰药而死者矣"。比如军火买卖，乱世之中，虽可自卫，但各乡团防有了武器，却反而成了扩充地盘的利器，经常私斗伤人，甚至有亡命之徒持枪入海为寇，成为横行一方的海匪。十里长街繁荣的背后，隐藏着深深的危机。

在晚清至民国的历史上，十里长街曾遭遇过三次严重的"劫难"。一次是在同治年间，黄岩反清民军岐田寨派人向路桥富户郑正选索要捐助，不想索财不成，反被郑正选召来乡团打伤来人。岐田寨首领黄秀德大怒，亲率大批民军奔赴路桥，准备教训郑正选。郑正选并不是个软柿子，再次召来乡团与之对抗。这次交锋，路桥乡团打败了岐田寨民军。恼羞成怒的黄秀德不得不从葭沚紧急调来

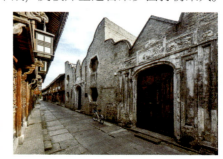

钱庄故址

一批援军，郑正选见岐田民军人多势众，自己手下的乡团伤亡惨重，只好边打边撤，逃离路桥。

岐田寨民军占领十里长街后，为了报复郑正选，黄秀德下令放火烧毁了郑正选和其弟郑士选的住宅。十里长街的连排木屋最怕的就是火，火势一起，四周的民房也跟着遭殃，路桥邮亭和前蔡等地瞬时陷入火海，沿河有600多间民房全都化为一片焦土，路桥商户和居民百姓损失惨重。

第二次"劫难"是在抗日战争中期，1940年6月20日夜，驻防临海栅浦的浙江省抗卫团第三团第二营第六连突然哗变，是夜11时叛兵至路桥，占领区署及乡公所、电话局，并于各路口置机枪，分布岗哨。然后挨户搜劫，并用手榴弹攻入地方银行，劫

长街文史

去钞票 20 余万，路桥各店铺金银细软被抢光，并掳去镇长及镇民三十余人。后该连连长郝守先向瑞安县政府自首，被温州防守司令部拘案讯明正法，余下的叛兵溃散。

第三次"劫难"是在 1941 年 4 月 19 日，侵华日军从南栅侵入十里长街，烧毁了著名的文昌阁（斗宫庙）以及四中心小学、邮电局（老马路）等房屋。日军挨门挨户抢劫财物，强奸妇女 6 人，还闯入了河西杨晨的府宅（其时为杨晨孙杨绍翰宅），准备用钢炮摧毁杨家这座庞大的古建筑。此时日军头目见杨家台门隐墙上画有一轮红日东升图案，误以为是亲日之家，下令离去，杨家才免遭此大难。

三次大劫难并没有让十里长街的路桥商人们一蹶不振，他们就像野草一样，一次又一次地收拾好破碎的家园，拍尽肩上的尘土，重新开张。用不了多久，这条古老却具有顽强生命力的千年老街又恢复成"清明上河图"般的盛景。

长街民居

消散了历史的烟云，长街依旧，物是人非。如今，我们期盼这条承载着无数路桥人乡愁的老街走出盛衰的轮回，再次以年轻的姿态呈现在世人的面前。

十里街分五道桥

——长街名胜古迹——

十里街分五道桥 —— 长街名胜古迹

　　曾经新安有旧八景、新十景之说。当然，今天这些新旧的景致大多已成为模糊的旧印象了，新的景点却会在十里长街的更新中不断形成。我们之所以回眸那时光中的浮影，是为了找寻和定格城市的记忆，让十里长街的文脉在城市更新中得以继承延续。

　　所谓旧新安八景，是指路桥镇明清时的八个著名景致，分别为：人尖晓日、普泽甘泉、仙人棋盘、凤

福星桥

山笔砚、斗亭新籁、月楼胜迹、古寺祥云、空树传书。

而新十景，则是晚清民国时期的十大代表风景，分别为：人尖晓日、普泽甘泉、华屿听松、仙人棋盘、五桥夜月、右军墨池、昌阁书声、泾口山歌、月河渔火、是亦园春。

我们可以看出，新旧景之间，除了人峰山上的几个景点保持不变外，其余在十里长街的景致称呼几乎完全不同了。

"凤山笔砚"的典故我们已经无法弄清了，路桥并无凤山之说，凤山砚是中国名砚之一，产于湖南。我们相信，它跟"右军墨池"和"昌阁书声"一样，都跟路桥有着一段精彩邂逅的故事，承载着十里长街的蔚蔚文风。

长街最美的时候，当属月夜。"月楼胜迹""五桥月夜""月河渔火"……不管在何时，月似乎都是长街风景一个重要的元素，"灯红酒绿夜迢迢，饭后抛书散寂寥，闻道五桥风景好，主人月下争吹箫。"清代周省三的诗句很容易让我们回到那个月白风清的美好夜晚。

微风清朗的夜晚，一轮明月缓缓自月河东边升起，攀上小楼，挂在灰雕林立的屋角之上。鳞次栉比的屋宇和悠长的青石板路笼罩在静谧的月光下，仿佛披上了一层晶亮的银纱。这时候，三水泾口的渔船亮起了点点渔火，打鱼者唱起悠扬的山歌，和着桥上某人吹奏的婉转箫声，跟倒映在水中的婆娑月影相映成辉。

长街是具有音乐性的，不论是山歌，还是箫声，都像是长街自带的背景音乐，当然，还有"斗亭新籁"。斗亭，又称斗会，常演奏台州词调，善用丝竹伴奏，可以想见，每当新曲排演，那温丽婉转的乡音说唱声飘扬在长街之上，可有着怎样的江南情调啊。

旧时长街的访古探幽去处，还有园林式的宋代古刹妙智寺（古寺祥云）和王羲之墨池（右军墨池），阮元驻节的文昌阁（昌阁书声）、委羽山大有宫主范锜真人显圣的新安庙（空树传书），以及石曲蔡家的花园"是亦园"（是亦园春）。

　　当然，长街上的名胜古迹早已不限于此，让我们拂去时间的浮尘，再次走入长街的记忆深处。

杨晨故居

　　路桥河西街"杨家里"，是晚清进士杨晨故居。杨晨16岁被誉为神童，清同治四年（1865）成为举人，光绪三年（1877）成为进士，殿试成绩位列二甲第八名，为浙江之首。曾任监试官、同考官、监察御史、工科、刑科给事中等官职。杨晨立朝敢言，所陈动关国家大事；他为地方灾民求赈；还在北京、上海等地筹建台州和黄岩会馆。中日甲午海战后，杨晨辞官还乡，投入到家乡建设事业中。他集资创办"越东轮船公司"，开创台州的航运事业；他还兴办多所实业学校；筑鉴湖，提倡种桑养蚕。

　　据《河西杨氏家谱》载，杨家有市房二十间，内屋三间，每年税洋四百六十四元，收入供家庙祭祀、修理及整理藏书之用。有书田八十六亩四分八厘六毛，共租谷一百三十七石五斗三升，津贴高中、大学肄业学费之用。杨府又称"御史台"，规模庞大，构造精美，其中澂观亭、家庙、书种楼是最为重要的三座建筑。

杨家台门

澂观亭临河面山，是杨晨退隐后著书立说的地方，亭子上刻有"蘘月蘋风"四字；家庙作为家族祭祀的中心，位于新住宅的左侧，七楹的结构既庄重又神圣，奉祀着杨家的先祖和先贤；书种楼则是杨晨收藏书籍的地方，藏书丰富，包括珍贵的历史、文学、哲学等各类书籍。

建国后，杨晨故居曾作为部队驻地，后因城市更新拆毁，现杨晨故居只剩下杨家门墙。

邮亭与中镇庙

邮亭在福星桥东侧。《路桥志略》载："邮亭庙曰中镇庙，……庙前有亭，古置驿递。"那邮亭到底古到什么时候？

黄岩《旧志》称："秦法十里一亭，亭有长；唐制三十里一驿，驿有将。此即古置邮传命乎邑，南北为瓯越通衢而东抵海门，插羽披星递送，络绎不绝。"说明汉、唐时海门邮驿之盛。邮与驿的名称是有差别的：汉朝时

邮亭中镇庙

候专门用"邮"来称呼那些短途的步行传令（书）方式，管理这种短途步行投递公文书信的机构，称为"邮亭"。《汉旧仪》载："十里一亭，五里一邮。"邮亭的信差，在两邮中间接力。魏晋南北朝时期，"传"和"亭"逐渐统一为驿站制度。隋唐时，"驿"代替了所有的"邮""亭""传"。因此黄岩的地方史学者陈顺利认为：路桥的"邮亭"是东汉时设立的，如果是东汉后设立则称"驿"，这是有道理的。

　　明洪武五年(1372)，在邮亭遗址边建中镇庙，亦称邮亭庙。《路桥志略》载："邮亭庙曰中镇庙，以居两河之中，曰中镇，在卷洞桥侧，祀全俨。庙前有亭，古置驿递，明嘉靖三十一年（1552），毁于倭寇。"后里人感激抗倭义士，于嘉靖三十三年（1554）重建亭庙，重塑义士蔡德懋、全俨塑像，壁画事迹。庙内有戏亭，庙外有八角福星亭，亭内有石桌、石凳，供人瞻仰游憩。

亦乐园

　　亦乐园是绅士谢士骏的私家花园，谢士骏于民国三年（1941）购得邻人之地，另砌围墙，筑一小园，以一半栽种花木，一半辟为蔬菜田园，陶冶性情，引为耕读之乐，命名为"亦乐园"。因谢士骏为月河诗钟社成员，常邀诗友作诗唱和，结集有《亦乐园诗草》与《亦乐园唱和集》。

东岳庙

　　东岳庙位于三桥庙北，始建于明万历二年（1574）。清乾隆九年监生蔡承志及僧本悟等募重建；道光中知县陈辉榜其堂曰"鉴堂"，室曰"憩闲"；同治中知县孙熹建"憩轩"三楹。庙宇建筑群由山门、过常殿、大殿、娘娘殿、后殿组成，建筑群错落有致，气势宏伟，庙内共供奉着大小几百尊塑像，其中大的塑像有 50 尊。庙门口立有一公一母的石狮子，公的爪下有一小圆球，母的膝下带有一只笑容可掬的小狮子。相传小孩摸一下狮子，会有福有威，长命百岁。于是路桥街有小孩的人家，到了生日之时，都领着小孩去摸一摸，摸得这对石狮子光滑可鉴。

长街文史

杨晨曾题诗《登岳庙三层楼》：

百尺高楼气象新，此间风物最宜人。
笋舆箬舫争祈社，近水遥山迥出尘。
傍海鱼虾开晓市，平畴粳稻遍通津。
年丰且享清时乐，佩犊还期里俗醇。

民国时十里长街分为五保，每个保都有一座本保庙，旧称五保庙，即：河西庙、邮亭庙、三桥庙、南栅庙、河东庙，东岳庙为五保庙之首，在三楼设五保议事之所。1933 年，路桥药业店员工会工人在中共地下党的领导下举行大罢工，指挥中心就设在东岳庙内。抗战时期，抗日政工队亦设址于东岳庙。

东岳庙庙会

庙会是古老的传统民俗及民间宗教文化活动，缘起于泰山崇

东岳庙

拜和道教在泰山的兴盛有关。同时它又是伴随着民间信仰与集市贸易相结合而发展、完善和普及起来的群众宗教活动。

东岳庙庙会曾是路桥最盛大的庙会，庙会由当地的热心者组织，每年有固定的神圣诞辰，由首事人员操纵安排，有迎圣、地方曲艺、戏剧演出，杂技和各种商易集市，并邀请亲友来观热闹。有的不远几十里，甚至上百里都赶来。

庙会以祭祀为主体，为的是保一方平安、风调雨顺、五谷丰登，商人祈求生意兴隆、一本万利。无子妇女祈求生儿育女，含冤人家祈求神灵保佑断狱公正，早日昭雪冤屈。有的祈求疾病早日痊愈，身体早日康复。

路桥东岳庙迎神赛会规模宏大，群众入庙烧香礼拜，求签问卜，摩肩接踵，除本地信众外，还有黄岩、温岭、海门等地赶来的信众达数万人。旧时，乘坐的船只挤满南官河，一直排到白枫桥。路桥镇的街头巷口搭棚昼夜演戏，有"百戏桥头聚，千金道上倾"的热闹场面。

东岳庙的迎神赛会，俗称迎会，一般农历三月二十七日开始，二十八日结束，参与巡行的有由患病者及儿童等装扮成"白无常"或"罪犯"，以求东岳大帝保佑消灾厄。游行队伍中有巡风队、仪仗队、细吹乐队、大小无常、五方六鬼、瘟师大医、穿红衣带枷的"囚犯"等近千人组成，信众当夜在东岳庙为东岳大帝诞辰护寿，十分热闹。

关庙

关庙位于东岳庙对面，十里长街旧有"庙对庙，桥上市"之俗语，即指关帝庙和东岳庙。约建于明清时期，具体不详。五月十三日，少年争赴关庙，拜盟结义，举关刀角力。但到民国时期，为了社会安定，结义角力之风少杀。

解放后改为路桥镇文化站。

宾兴祠

路桥宾兴（助学）事业，在清同治十年（1873）冬由杨晨的父亲杨友声创立。杨友声（1824 — 1890），河西人，杨阜东子，号莺谷，先是受业于白峰许映台，二十岁成廪膳生。此后从太平黄濬学诗，又与卢锡畴读书于雁荡山中。

同治十年（1871），杨友声和同里人捐立路桥宾兴祠，石曲李旭东首捐田三十亩，经过经营，逐渐田产增加到三百亩，岁收租谷，为乡会试士子旅费。光绪二十八年建祠于关庙之侧，楼屋七楹，平屋二架，置仓储谷，择人轮收。每岁重阳设祭会饮。科举废除之后，收入分给小学奖金及文官考试，游学川费。民国初期有田 375 亩，租谷 706 斗，另有佃田 8 亩，租谷 29 石 9 斗，市房楼屋 8 间。

每年重阳节，宾兴祠均宣读祭文，祭文由当地绅士宣读。杨晨宣读的《重九祭文》如下：

盖闻兴贤育才者，国家之大典，崇德报功者，古今之通义。诸位先生，泽宣上德，产割中人，科名克振于一时，俎豆宜隆乎百世。呜呼，浣花有祀，永怀广厦于杜陵；洛社成图，如仰大裘于白傅。值佳日题糕之会，载展明禋，咏寒泉荐菊之章，聿修礼祀。尚飨！

光绪五年（1879）选授寿昌训导，整理书院宾兴。十三年（1887）岁凶，沿海苦涝，告官贷资，运粟平粜，吏杂伪银，质产偿之。二十五年（1889）筑海门澄海闸成，以时畜泄，岁乃有秋。参与（咸

丰至光绪)《黄岩县志》采访和协理工作。

民国三年(1914)二月,自治取消,合同蟾乡、路桥镇为一区,区设自治分驻所,由县设委员。十八年(1929)七月,设路桥区公所于宾兴祠。

宾兴祠旧景

另有"明文宾兴",咸丰元年(1851)由杨友声偕同里人倡立。光绪年间建于东岳庙之后,楼屋三楹,后临河水,匾曰"鉴堂",每年上巳设祭。

杨晨宣读的《上巳祭文》如下:

文以载道,作者圣而述者明,祠以报功,志同方而行同术,古之道也,礼亦宜之。诸老先生望隆桑梓,宝守纟刍纟,昔常晤对于一堂,今则流芳于百世,当兰里流觞之日,咸集群贤,效粉乡祭社之仪,克延后嗣。尚飨!

路桥宾兴祠是我国少数还留存有遗迹的宾兴旧址,体现的是路桥先贤们义利兼容、重教育才的大爱之心。

雄镇庙

位于东向话月巷（卖玉巷，俗名卖肉巷），又称三桥庙，官河旧在庙后，南北直流。同治十年（1871），以形家言，改西而曲，上建涌金桥，其南小渚曰蝴蝶渚。庙祀章百益，他做医生，救人无数。相传他是与邮亭庙主全俨一同从福建泉州迁来的，到路桥结为亲家。所以寿日时，双方都要送礼物。三桥庙寿日是农历二月十九日，将要春耕，因此有句俗话："邮亭寿日话过年，三桥寿日话插田。"

王羲之墨池

长街曾有一方王羲之墨池，遗址大约在现今街心公园至路桥小学附近。

墨池，意为洗墨砚之池。墨池无疑是中国文人的一个集体图腾，因为其蕴含了勤学精进的精神内涵，历史上许多书法大家都有墨池故事遗世，如张芝、怀素等，而最著名的墨池，当属王羲之墨池无疑。

路桥的右军墨池遗迹，相传是王羲之赴任永嘉太守（一说为游四郡时），经过新安时住宿，临池洗笔之处。

明《万历黄岩县志》载："王羲之墨池，在县东南妙智寺东，昔王羲之为永嘉守，尝宿于此，涤砚而墨池存焉。"清《光绪黄岩县志》则描述得更为详细："黄邑城南三十里许有妙智寺，古道场也。寺旁碧水一涡，

王羲之

深不及仞，广不盈亩，清可以鉴毫发，岸上断碣欹仄，络以古藤，塞以芳草，字迹摩挲可辨，乃晋右军将军王羲之墨池榜也。"可见晚清之时，王羲之墨池保存还相当完好。

清同治七年（1868），孙熹任黄岩县知县（任期同治七年至十二年），特别重视文化教育，建九峰、灵石书院，浚五支河，免徭役。他曾亲自来路桥视察王羲之墨池，题写匾额，以勉后人。

黄岩同治年间知县孙熹题写"墨池"匾额

普明织物厂原址

普明织物厂原址

民国时期，黄岩的工商业大多集中在路桥镇。工业以棉织业为主。中桥向南大街上，就是郏道生兄弟创办的"普明织物厂"原址。西有一桥，即"郏家桥"，郏家的工厂、产业横跨月河两岸。普明织物厂的"福梅"牌产品，1935年参加全国工商博览会获一等奖。

街心公园

位于长街老马路桥附近，俗称"花园里"，原为北宋名刹妙智寺园林一部分。二十世纪五十年代，改为小公园，供群众休闲游玩。公园里古木参天，假山林立，亭台别致。后来，又添设了"欧阳海拦惊马"大型雕塑及石虎等小品，公园门口有路桥照相馆，承载了几代路桥人的记忆。

街心公园

善福堂

善福堂

善福堂，原名普福寺，又名观音堂，位于路桥街道车站居山水泾口，东依南官河，与十里长街隔河相望，南傍山水泾，清道光十六年（1836）（梁上题字"道光拾捌年"），尼永清建。47 年之后，即光绪九年（1883），尼普灿在寺西仅二三十米处，另创新堂——灵福堂。（民国《黄岩志稿》）

陡门宫

位于塘桥旁，明嘉靖年间建。嘉靖三十七年（1558）四月，倭寇从栅浦分路焚掠路桥、长浦、泽库、沙角等地。戚继光带领民众抗倭，部下四将：孔、傅、朱、章，身先士卒，英勇牺牲，民众立庙奉祀，尊为元帅。门口建有戏台，每逢农历十月十六，称为元帅寿日，有戏班演戏。

长街文史

陡门宫外景

1994 年 4 月经黄岩市人民政府批准为道教活动场所，改名为"陡门宫"。1990 年新建元帅殿，四柱上有一副楹联："驱除鞑虏腰下青萍射牛斗；歼灭倭奴胸中浩气贯云霄。"1992 年建成太岁殿，1995 年建成玉皇殿和山门，共计殿宇

28 间。1994 年建成放生池，池中建"湖心亭"，有九曲桥通连。池四周铺有卵石路，路旁花园。1996 年请来玉观音坐像一尊，高 6 米，重约 7 吨，造观音殿一座，用地 6 亩。合计原有场地达 12 亩。

文昌阁

文昌阁位于南星桥（俗称磨石桥）侧，三汊水交流处。建于清初，康熙十三年（1674）三月，耿精忠响应吴三桂叛清，迅速占据福建，接着派曾养性攻浙江温州、台州。曾养性进攻黄岩前，驻兵路桥。为了不打扰居民，曾养性考察环境，在南星桥

文昌阁油画

畔筑堤填址，驻扎军队。"三藩"平后，文昌阁却留了下来。文昌阁祀文武二圣。前有二层楼三间，兼当大门用；后有二层楼五间，是主房；左右各有二层厢房三间；最后是平房八间。门楼上是"魁星楼"，用四正柱立于浮雕的大青石磉上，雕梁画栋；杨晨楷书《登文昌阁》诗一首，悬在文昌阁魁星楼窗口。

文昌阁内设有翼文书院，始建时间约为清康熙至乾隆年间，咸丰元年（1851），里人置田百亩，以助膏火。知府刘敖改翼文书院为"文达书院"。光绪二十八年（1902），知县韩铨，拨平余款补，改立学堂，名曰"筠美"。附设文达初等小学。民国十八年（1929）并为完全小学。民国二十一年称黄岩第四区中心小学，把隔墙的"北斗宫"一部分房屋并入学堂内。1941 年 4 月 19 日，日军在海门登陆，5 月 1 日，流窜到路桥，放火烧毁第四区中心小学及北斗宫。

并烧了石曲小学的一部分。

文昌阁与长街文教

康熙十二年（1673），平西王吴三桂在云南起兵叛清。次年三月，靖南王耿精忠在福建，广东尚之信举兵响应，史称"三藩之乱"。耿精忠以总兵曾养性、江元勋及参领白显忠为将军，起十万大军，数月之内，迅速掌握福建全省。五月，曾养性出仙霞关，攻下浙江温州，总兵祖宏勋开城投降，接着又占领乐清和太平。

康熙十三年（1674）八月，曾养性亲自率领的闽军在进攻黄岩前，驻兵路桥。曾养性考察十里长街环境后，把驻兵地选在南星桥畔（现磨石桥）。

占领黄岩和整个台州之后，曾养性就命令在南星桥畔原驻军地建造文昌宫。文昌宫亦名文庙，是祭祀孔子实施儒学教育的处所。"三藩"起事，一面打着"复明"旗号，一面还打着"尊孔"的旗号，虽是政治图谋，但文昌宫的兴建，客观上推动了路桥文教事业的发展。

三藩之乱平定后，雍正、乾隆年间，路桥在文昌宫内设翼文书院，正式成为教育场所。

乾隆末年，阮元担任浙江学政，开始巡视教育，来到路桥，就宿在文昌阁。阮元，江苏人，乾隆、嘉庆、道光三朝阁老，九省疆臣，历任山东、浙江学政，浙江、江西、河南巡抚，国史馆总纂，漕运总督，湖广总督，云贵总督，晚年任体仁阁大学士。退休后加太子太保、太傅，卒后谥号"文达"。

阮元驻节文昌阁，夜里，检索学子作业，觉得有些学子很有根底，特别是李诚、蔡涛、施彬、金鹗、洪颐煊等人，文章很有见地。第二天，他便把他们叫来，鼓励一番，不想这样一来，为台州和

长街文史

路桥造就了不少有用人才。正当阮元想荐用李诚等人时，却调离浙江，到京都担任经筵讲官和会试副总裁。临走时，阮元就把翼文书院的情况告诉自己朋友——接任学政的刘凤诰。于是刘凤诰巡视教育，也来到路桥文昌阁，专门看望李诚、蔡涛等人。

嘉庆五年（1800）六月，安南海盗纠集凤尾、水澳等本土海盗共百余艘，来到黄、太沿海，屯驻在松门山下。阮元当时任浙江巡抚，派定海镇总兵李长庚统领定海、黄岩、温州三镇水师，并调粤、闽兵会剿。他亲自督阵，再次来到路桥，先宿在文昌阁，后来觉得影响学子学习，又宿在南栅武举陶定国家。剿灭海匪后，阮元在回去之前，应主人陶定国之请，用八分书题"陶氏际平堂"堂匾。

咸丰初年，里人置助田产百亩作为文昌阁及翼文书院经费。

同治初，杨晨的父亲杨友声要求府义学拨正淦田百亩和县粮增加书院费用。杨友声（1824—1890），廪膳生，以团练功加五品衔。杨友声是十里长街上的绅士，以宋时"二徐先生"为偶像。"二徐先生"是徐中行、徐庭筠父子，南宋临海高士，因不满秦桧当朝而选择隐居生活，父子俩后迁黄岩委羽山，而徐庭筠又迁到路桥桐屿隐居。杨友声曾经出巨资建临海白岩山二徐祠，创建"二徐书院"。他还十分热衷于慈善公益事业，曾置义仓及义冢，劝募乡人建宾兴田，立义塾。光绪五年（1879）选授寿昌训导，整理书院宾兴。光绪十三年（1887）沿海洪涝，向官府贷资运粟平粜以赈灾。光绪十五年（1889）筑海门征海闸，还参与（咸丰至光绪）《黄岩县志》采访和协理工作。

同治五年（1866）四月，晚清书画大师赵之谦受黄岩知县孙熹所邀，出任路桥翼文书院山长兼讲席。赵之谦（1829-1884），浙江绍兴人，是晚清时代诗书画印集大成就者，具有国际价值的一代艺术宗师。

同治三年至十一年（1864—1872），刘璈任台州郡守，为纪

念阮元，把翼文书院改名为文达书院。刘璈，字兰洲，湖南临湘人。秀才出身，咸丰间太平军入湘鄂，刘在家乡自办团练与之对抗，以才能出众颇得湖南巡抚骆秉章赏识，保荐县丞衔，自此踏上仕途。咸丰十年随浙江巡抚左宗棠至浙，参与围剿太平军的战争，因功赏顶戴花翎，荐为道员衔，于同治三年（1864）十月署台州知府，同治七年实授，同治十一年卸任。刘璈主政台州期间，一面抓城市复建，一面抓文化教育。他重建、扩建或整顿充实的书院有三十二所，义塾八十九所，民国《府志》称此时"台之文教乃大振复"。当时文达书院十分有名，与九峰书院、樊川书院齐名，并称"黄岩三大书院"。光绪二十八年（1902），黄岩县令韩铨改立为"筠美学堂"，附设"文达初等小学"。

文昌阁建月河南段月弯边，南官河至此又是一曲，人峰刚好在其西边，水色山光最为佳胜。阁楼极为壮观，前有两层楼三间，兼当大门用；后有两层楼五间，是主房；左右有两层厢房各三间；最后是平房八间。门楼上是"奎星楼"。主楼用四正柱立于浮雕大青石磉上，雕梁画栋；内祀文武二圣。当时文风鼎盛，学子非但有路桥本地人，还有黄岩城里及台州各地人。

杨晨辞官回乡后曾主讲路桥文达书院，并捐助经、史、子、集图书两千卷。一天，人散夜静，杨晨回想前贤办学之道，心潮澎湃，夜不能眠，起来作《登文昌阁》诗一首，诗曰：

> 杰阁峥嵘傍斗杓，使君当日此停轺。
> 双峰山映三汊水，十里街分五道桥。
> 经学静轩传世业，儒宗云海树风标。
> 我来花外扶筇立，喜听书声满绮寮。

斗杓，指北斗七星，即文昌星。使君指阮元；停轺是停车驻节的意思。双峰指路桥人峰山的大、小人尖。静轩，是指清代石曲史志家、藏书家李诚，云海是指南栅禀生黄云海，这首诗的颈联点明了文昌阁是路桥清代的文化渊薮。

杨晨写罢，后来叫人刻在长方形枣树板上，悬在文昌阁奎星楼窗口，以鼓励学子们努力继承前贤的足迹前进。

民国十八年，文达书院并为完全小学，二十一年改称第四区中心小学。可惜的是，文昌阁在 1941 年被侵华日军放火烧毁，但是，文达书院（翼文书院）几经转折，成了现今路桥小学的前身。

附录：长街其他文教机构

於氏书院 在河西，旧址无考，乾隆中里人於永庆设立，太平林明经之松为之记，后毁于火。

河西小学 在河西普明堂后，光绪三十四年改办河西小学，经费不足，由草席捐、千张捐、牛捐及庙租、於氏宾兴补助。民国十六年七月改完全小学。

明德小学 光绪三十年里人刘旭光首捐洋一千元，由其从侄祖燕创办。民国二十二年改为商科职业补习学校，系完全小学性质，借设明文祠。

扶轮小学 设南栅陶氏宗祠。民国二年里人陶梦松、杨恒等创立，系初级常年，经费由陶、杨所有书田拨充。

新安乙种蚕业学校 设邮亭蔡氏宗祠。民国二十八年八月里人蔡蔚创办，十九年一月改为完全小学。

敦仁小学 在洪洋，同治十二年改为敦仁义塾，民国元年改办小学，后更名"洪洋初级小学"。

诵芬女子小学 在石曲上保。民国六年里人蔡元灏室人罗漱芳女士创办。后改为初级小学。

路桥初级中学 1943 年 8 月，在徐聘耕、杨绍翰、刘治雄等人筹划下，社会各界人士为筹建路桥中学捐款，其中郏道生兄弟捐助学田63亩。成立校董会，徐聘耕任董事长，金积学任副董事长，刘治雄等18人为校董。1944年2月，黄岩县私立路桥初级中学（今路桥中学）呈准立案，校董会举金积学为校长，首届招收春季一年级新生120名。

望吾小学 1943年抗日烈士刘望吾以身殉国，其家属捐出家里十二亩四良田，并收购刘氏祠堂，建立望吾小学，将抚恤金用于学校的发展。今路桥实验小学前身。

潞洸图书馆 设卖玉巷（话月巷）东刘氏宗祠。旧有求实社，社友资储款，民国十六年六月改办图书馆，移存款以为置书、管理之用。

敦说楼

浙江多私家藏书楼，宁波的天一阁、杭州的文澜阁，湖州的嘉业堂和瑞安的玉海楼，被称为"江南四大藏书楼"。不过，很少有人知道，在路桥十里长街上，也曾有一座藏书楼，它就是敦说楼。

敦说，古通敦阅（敦悦），意思是遵循重视兴趣爱好。语出《左传·僖公二十七年》："说礼乐而敦《诗》《书》。"《晋书·潘尼传》载："留精儒术，敦阅古训。"藏书楼主人李诚以此二字命名，正是透露了他的读书治学的理念，要以兴趣爱好为动力，愉快地学习。

"敦说楼"藏书数千卷，多善本，李诚也为两浙藏书家之一，编有《敦说楼书目》四卷。然而，至民初李氏家道中落，藏书亦尽售他人及被用于糊壁或生火者。后敦说楼失火，未散的藏书全部被焚。

长街文史

南栅庙

南栅庙基建碑

俗名新殿,在新安桥(即枭糠桥)南,即今老马路旁。光绪二十七年重建,民国二十二年又毁,民国三十一年再建,祀为民舍命的华吉。南栅庙自晚清始至新中国成立前,都是路桥商会会址所在地。

民国三十一年十月,南栅社庙经事人王能清、郑鲁莫、徐筱庭等重建南栅庙时立,石刻隶书"劝募股、经济股、设计股、建筑股"及各股负责人名单,计99字,字体秀丽,工艺精湛。

河东庙

俗名下洋殿庙,在东镇桥侧,祀剿匪治安有功的潘大猷。

日龙宫

原称元帅庙,位于路桥街道新路村,坐落于十里长街的南端,接近浮桥,始建于明末清初。祀唐代"安史之乱"中保国有功的名将张巡。每年农历八月二十四是寺院为张巡大元帅寿诞,善男信女络绎不绝地来烧香参拜,多有戏班演出。

日龙宫

济急堂

又名"育婴堂"，位于路南新三民。原有六间，平房五间，空地两亩左右，系名医张善元在二十世纪初创办，经费来源靠筹募和自己诊费收入。该堂延续到解放后，已由水利拆迁户调换。

"济急堂"主要收养生活困难户抛弃的无辜娃儿，故名"育婴堂"。每有弃婴送到，张善元皆领至堂内雇人抚养。

现尚存台门遗址。

是亦园

清咸丰年间，石曲蔡尧家颇富，于所居南傍水构屋，种花满畦。其子燕綦，孝廉，好客能诗，亦擅一时之胜。是亦园为"新安十景"之一，蔡燕綦曾作《是亦园春日》诗：

绕岸新栽竹数竿，竹阴浓处倚阑干。

小亭日暖花初放，时有游人竹外看。

一帘花影压重重，连日寻芳梦亦慵。

醉后不知佳客去，隔林又打夕阳钟。

方庚甫炮台

石曲方庚甫炮台位于路南街道石曲村西南面，修建于 20 世纪 30 年代，为一座民间防御设施。该炮台为砖、石木结构，共三层，高约 8.5 米，极具民国时期的建筑风格。1949 年解放前夕，中共台州地工委副书记王槐秋在此设立地下工作联络点，4 月，椒南工委书记郏国森在此主持召开临、黄、温三县教育工作者代表会，布置迎接解放事项。

长街名桥

长街多桥。

桥，对于路桥来说，似乎有着某种特别的意义。不管是民间传说中宋高宗"路就是桥，桥就是路"的趣谈，还是当代提炼的"以勤为路，以诚为桥"的路桥精神，桥就像一个图腾，一个象征，是路桥人乡愁里最重要的一个意象。对于十里长街来说，古老的桥连接了南官河两岸的陆地，也连接起长街的历史。

杨晨有咏长街的名句："双峰山映三汊水，十里街分五道桥。"这五道桥到底是指哪五座？民间有多种说法，一说指横跨月河上的桥：如福星桥、中桥、涌金桥（三桥）、卖芝桥、王桥；一说指主街道上的桥，分别是：福星桥、新安桥、南星桥（磨石桥）、三透里桥、塘桥，第二种说法倒应了"路就是桥，桥就是路"的独特之景。

路桥的桥不光是一个交通设施，也是集市的绝佳摊点和信息交流的场所，古时就有"桥上市"之说，每逢三八集市，天蒙蒙亮，桥上桥边就聚了不少小贩客商，交易土产。待到夏日入夜，这里便是长街老人们的纳凉天堂，他们喜欢并排坐在桥栏上，看着南官河中的月影，摇着蒲扇谈天说地，讨论着长街每天发生的新鲜事情。

长街的桥，就是这样鲜活，充满了生活的趣味。

这一节，我们来数道数道长街的桥。

得胜桥

得胜桥位于河西街，又称德胜桥，为路桥有文字记录的最早桥梁，建于北宋宣和（1119 — 1125）之间。《路桥志略》载："河西庙，在街之西北端。庙前旧有古树，相传宋时神以侮范真官锜被谪，邑人林恺祖为之传书，报以保婴秘方。宋《嘉定赤城志》云：

'宣和时寇乱，逼南乡，乡人祷焉。翌日，与寇战于庙前桥上，见神立空中，飞矢石如雨，寇惊走，南乡获全，名其桥曰得胜。'或曰，在宋败仙居寇，在明又败倭兵，未能详也。"

马铺桥

马铺老桥

宋《嘉定赤城志·津梁·黄岩》："马铺桥，在县南二十五里。"说起马铺名称的来历，民间传说也与南宋开基皇帝赵构有关。话说赵构南逃台州，从三江口登岸，翻过白石岗头，进埠头堂躲雨；从埠头堂出来，到了马铺地段，所骑的马疲惫不堪，怠然扑倒，因此这里就叫马扑（后转音为马铺）。

栅泾桥

栅泾桥位于马铺社区原赵王村。在宋《嘉定赤城志·津梁·黄岩》："栅泾桥，在县南二十五里。"明万历《黄岩县志·津梁》："栅泾桥，在县东南二十五里。"清光绪《黄岩县志》与万历志同。栅泾桥原桥已不存，现改造为银安桥。

路桥街称十里长街，从南官大道河西街口算起，至石曲街，约为七里多。有老一辈路桥人说，以前河西街口有路廊，俗称"讨饭路廊"，在今人民桥附近，从这里算起，则路桥街已有八九里。

其实路桥街最西北端应该为栅泾桥，古时为了防止贼抢劫，路桥人在路桥街沿河南北两端立栅，其南为南栅，其西北栅就是栅泾桥附近，至今赵王还遗存栅泾庙。如果从栅泾桥算起，则路桥街足有五公里。

栅泾桥

虹桥

虹桥，又称弘桥，北通蔡於，南接河西。明万历《黄岩县志·桥梁》载："桐桥、中桥、弘桥，俱在五十五都。"桥边有杨氏家庙。

河东段上桥梁

南官河进入弘桥之后，有一旁支，路桥人称河东，现统称南官河。河东段上桥梁有祥瑞桥、下洋殿小桥、卜洋殿桥、松塘桥（已在永宁河上）等。明万历《黄岩县志·桥梁》载："殿桥，在县东南三十六里。"清光绪《黄岩县志·桥梁》载："殿桥，在县东南三十六里（今有下洋殿）。"

福星桥

福星桥

福星桥卷洞形，又称卷洞桥，简称洞桥。福星桥为路桥街标志性桥梁。明万历《黄岩县志·津梁》："洞桥、中桥、弘桥，俱在五十五都。"清光绪《黄岩县志·桥梁》载："洞桥，在县东南三十里中镇庙西，里人蔡氏建。"桥栏题字为清末举人任重所书。

中镇桥

中镇桥简称中桥。明万历《黄岩县志·津梁》："洞桥、中桥、弘桥，俱在五十五都。"清光绪《黄岩县志·桥梁》

中镇桥

载："中镇桥，在县东南三十里，路桥里人蔡氏建。"（《府志》中桥在五十五都，即此）

涌金桥

涌金桥

涌金桥为中桥南面桥梁，又称三桥，清光绪《黄岩县

十里街分五道桥——长街名胜古迹

· 115 ·

志·桥梁》载："涌金桥，在路桥，旧名雄镇，同治中改河迤西重建，易今名。"

老马路桥

位于月河南街上，始建于民国，原是黄（黄岩）路（路桥）椒（椒江）公路上桥梁。1951 年 7 月修复路椒公路时重建，为单跨简支砼板桥。桥长 11 米、宽 9 米，最大跨度为 11

老马路桥

米,1952 年 12 月通车。二十世纪九十年代路桥城区新大街建成后，此公路段废弃不用。现桥梁为 2004 年再建。

新安桥

新安桥算是长街的本命桥。北宋《元丰九域志》："黄岩有岏岭、于浦、新安、青额、盐监五镇。"宋《嘉定赤城志·场务（镇、监、坊附）·黄岩》载："路桥镇（市），在（黄岩）县东南三十里,旧名新安。"宋《嘉定赤城志·桥梁·黄岩》载："新安桥，在县东南三十里，一名路桥。"明万历《黄岩县

新安桥

志》相同。杨晨《路桥志略》:"官河……其正河转而南,过卷洞桥,经邮亭墙前,过中镇桥,经关庙后迤西南,过涌金桥(俗称三桥),又南经廿五间……""路桥镇亦称新安镇,以新安桥得名,桥在廿五间路中,为本街中点。"民间传说中的赵构皇帝为路桥取名的故事,就发生在这座桥上。过去农民在此处粜糠,民间又称为"粜糠桥"。此桥原为圆石拱形桥,后改为平桥。

卖芝桥

卖芝桥原名弓桥,清光绪《黄岩县志·桥梁》载:"弓桥,在县东南三十里。(《府志》在五十五都,案:今改二十八都)"旧时经常在桥畔卖猪崽,俗称卖

卖芝桥

猪桥,因卖猪桥的桥名较俗,后改为卖芝桥,后来不再限于卖猪崽,还有草席和竹制品等商品,成为"三八集市"最为热闹的地段之一。

松友桥

松友桥

南宋咸淳元年(1265)于泰登进士榜。于泰孙松友为方国璋岳父,元顺帝时被授

将士郎，其族始大。於松友住河西，路桥街在河东，为方便两岸居民出入，於松友建桥于山水泾口，当地人称松友桥。民国时重修，桥东有周泰盛颜漆店，因名周泰盛桥。2004年重修，恢复松友桥名。

三星桥（磨石桥）

清光绪《黄岩县志·桥梁》载："三星桥，在路桥三星路廊前。"因在福星桥南，又称南星桥。原跨南官河支流卖油泾，现卖油泾已被填，桥不存。集市日此处卖磨石，俗称磨石桥。原南栅跨南官河有蔡家桥，现改称磨石桥。

塘桥

塘桥南官河接永宁河（旧时亦称东官河）口，永宁河是路桥通海门（今椒江区）的主要河道。民国《黄岩县新志·甲种桥梁概况表》载："塘桥，石曲镇石曲街，跨东官河，黄太驿道。"

塘桥

过去塘桥边上有陡门闸，为潞河出水口，每年秋天，田蟹聚集在闸门四周，寻求出海通道。引起捕蟹者积极捕捞，而塘桥蟹因此出名。

长街文史

石路窟桥

宋《嘉定赤城志·津梁·黄岩》:"石路窟桥,在县东南三十五里。"明万历《黄岩县志·津梁》:"石路窟桥,在县东南三十七里。"清光绪《黄岩县志》与万历志同。石路窟桥亦称"枲糠桥",民国《黄岩县志·甲种桥梁概况表》载:"枲糠桥,石曲镇石曲下街,黄太驿道。"

四衙桥

四衙桥在石曲西南,桥在肖谢泾上(肖谢原称四衙),原桥不存,现改造为104国道上公路桥。明万历《黄岩县志·桥梁》:"四衙桥,在县东南三十四里。"清光绪《黄岩县志·桥梁》载:"四衙桥,在县东南三十里。[《府志》云:三十四里;案:《台州外书》,又有三衙桥在太平境。元季方氏窃据,弟兄各建牙(衙),争营第宅,二桥皆其所建。胡璞《方衙桥怀古诗》:'元统闻乌呼换帝,方氏兄弟相窃据,叠桥之势如投鞭,叱咤风云此雄踞。谁料雄图变野花,行人空自悲豪华。--从鹿入明天子,留得三衙与四衙。']"

南官河游船

在南官河的水道里,历史的轮廓悄然勾画出一幅流动的画卷。这里,每一寸水波都沉淀着清雅的宋韵,每一缕风都吹拂着古人的足迹。那些关于游船的记忆,像是被精心描绘的诗行,跃然于心。

路桥位于温黄平原水网中心,自古水系发达,河网密布,是典型的江南水乡。因此,游船曾是境内百姓出行与休闲的重要形

式。南宋黄岩尉孙应时（1154-1206）在其诗歌《黄岩新安镇舟中和王主簿春霁遣兴》里描写了南官河春雨初晴后美丽闲适的景色："天惜花时雨易晴，鸟知人意唤春醒。归舟兀兀新安路，溪北溪南水正生。"说明宋人已经把南官河当作主要水上交通要道，并使用舟船出游，观赏美景，解闷散心。

自南宋以来，路桥游船文化兴盛，相关习俗一直延续到建国后。据杨晨《路桥志略》记载："月河既为孔道，南由太平以达瓯闽，北由灵江以趋台越，东北走海门卫，轮船帆舶远通甬上申江以至都省，无舆轿蹦岭之劳，山有竹木果蔬，海有鱼盐蜃蛤，百货萃居，昕夕络绎，商民傍河为屋，栏槛相望。春秋佳日，裙屐嬉游藻川炫野。至上巳往泽库，五月望往鉴湖者，画篷箫鼓，尤称夥颐。""五月十八日男女成群，画船布幔，携箫鼓酒馔，往游鉴洋湖，或上鸡笼山杨府庙（祀杨业及其诸子），烧香观剧，穷日而归。"杨晨对画舫情有独钟，他在杨府后花园的小湖旁建了一幢画舫型的屋子，名字就叫"定桴"，跟他的字"定孚"同音，意思是定在那里不动的船。

路桥人盛行的春秋两季画舫出游，正是沿袭自宋代风俗。路桥游船为精致的小型画舫，船上装饰纱幔，游客携带箫鼓等乐器和美酒美食，一边欣赏岸边风景，一边演奏乐器，吟诗作赋，极尽宋韵雅致。晚清御史杨晨在鉴洋湖构筑别墅寄傲轩，就经常携一批诗朋文友，从河西下船，乘坐画舫经南官河、山水泾至湖中泛游，留下许多佳话。清末黄岩学者王舟瑶在寄给杨晨的诗中，就有"竟月相思少一笺，问奇欲泛路河船"的诗句，对南官河游船充满眷恋。

想象在遥远的古时，一只只精致的画舫轻轻摇曳在月河上，

长街文史

船上的文人墨客，或抚琴或品茗，或吟诗或作画，他们的欢声笑语，掠过一座座的石埠，穿过一个个桥洞，随着轻风，洒落在水的每一个角落。这不仅仅是一种出行方式，更是一种生活的艺术，一种文化的传承。

花下楼台月下门

——长街望族民居——

郏家里老屋

花下楼台月下门 —— 长街望族民居

长街文史

如果你到十里长街上走一走，稍微留意一下就会发现，长街有许多以姓氏命名的"里"。古代五家为邻，五邻为里，里是一个街区除了家庭外最基本的社会单元。路桥人对家族有着很深的情愫，这不光是血脉的羁绊，也是精神的维系。同一氏族的家庭聚集生活，常以大宅院的面目出现，也就造就了许多以姓为名的"里"。

一条街的发展，总该是以人为中心的。当年向妙智寺租用寺产开街经营的那批南宋"移民"们，可能不会想到，千年之后，这里会成为一座城市的滥觞之地。

蔡家

路桥蔡氏，出于济阳蔡一支。蔡鼎，号济川，五代十国时为吴越国节度使，路桥蔡氏奉为第一世祖。二世蔡元和，以文学谒见吴越王，吴越王许配以女，在台州从事，家焉。五世蔡子修，字伯厚，北宋时迁居路桥，为路桥蔡氏实际始祖。支分洪洋、涧洋、横河头、蔡洋、平田、平桥、塔地岸等处。明抗倭义士蔡德懋，清道光二十五年武进士、象山守备蔡捷三，咸丰间拔贡蔡宝森，同治六年举人蔡篪、九年举人蔡燕綦，皆族人。

方家垸蔡氏，北宋天禧年间（1017—1021）之前就存在，其间康壕张氏始祖张国灏娶方家垸蔡氏为妻。

路桥蔡氏，主要聚居在前蔡（邮亭）、后蔡（蔡於）、路桥街及石曲。前蔡的名士有明代的蔡庆映、蔡德懋、蔡道规，清初的蔡克谨、蔡元升、蔡元镕、蔡允琦、蔡允璜、蔡启宗、蔡显宗，清中期的蔡篪等；路桥街蔡氏有明代蔡荣名，清中期的蔡涛及夫人王玉贞、蔡捷三等；石曲蔡氏有清中期的蔡尧、蔡燕綦。

路桥蔡氏祠堂，在前蔡（邮亭）。

《路桥蔡氏宗谱》于宋宣和年间（1119—1125）由朝议大夫蔡备创修，为所知路桥最早宗谱之一。明正统后历经再修，年份失考。其可考者明万历十四年蔡大练、清乾隆五十五年蔡希襄、道光二十三年、同治间蔡涛、民国四年蔡昕皆重修。

蔡氏为路桥所做公益事业甚多。

据《光绪黄岩县志》载，福星桥为路桥蔡氏所建，又称蔡家

桥，始建于明洪武元年，清雍正十年重修，民国二十五年蔡仲玉、蔡宝珩、蔡保莲等又重修，举人任重题栏（《黄岩金石录》）。东岳庙，明万历二年始建，清乾隆九年监生蔡承志及僧本悟等募重建。中镇桥亦为蔡氏所建。蔡氏在南栅亦建有桥，亦称蔡家桥，可见蔡氏建桥之多。

洪洋敦本义塾，由蔡鲁封、蔡凤岐等于同治初期捐田设置。

创设"石曲宾兴"。同治十一年蔡鲁封、季馨一等捐设。有田八十余亩，以为本地士子乡会试路费。

创办新安乙种蚕业学校。民国十二年八月蔡蔚创办，设邮亭蔡氏宗祠。

蔡母陈孺人，路桥街人。光绪六年（1880）酿金于岳庙前购老屋一间半，积薪煮苦茗，设甋当路，免费供行人解渴。十九年先出己资，复酿于人，将老屋改建三层楼，凡三楹下以储茶，上以奉佛斋、寝庖湢诸所，时人称"广惠茶堂"，县令唐济给谕示众。（《石曲方氏宗谱》）

蔡尧，石曲人，咸丰年间营建"是亦园"，颇具规模，有《是亦园倡和集》存世。

蔡元镠，字季迪，号陶山，路桥邮亭人，意度清旷，工诗及画。康熙南巡，尝献赋，获赐缎。寻以选贡生入太学，留京师数年，终以山野恣性，不习趋走，无所遇而卒。有诗载《绘雪斋集》。（《路桥志略》《民国黄岩县志》）

蔡允琦、蔡允璜，邮亭人，蔡克谨子。清康熙十三年（1674）八月，"三藩"耿精忠都督曾养性领10万大军进入浙江，黄岩县参将武灏开城投降，一年后退出黄岩。允琦、允璜兄弟于方山下出资购地，建普同塔，收葬死于耿精忠之变者，知府旌表。（《路桥志略》）

长街文史

於家

　　路桥於氏，为桐屿於氏分支。南宋咸淳元年，於泰登咸淳元年乙丑（1265）阮登炳榜进士，为瑞安尉，权知县事，调昆山，其族始兴。元末方国璋娶於泰裔孙松友之女为妻，方国璋做了大官后，松友也被授以将仕郎，其族始大，与蔡、刘并称路桥巨族。

　　於泰，字亨甫，号复庵，路桥街河西人，南宋咸淳元年（1265）进士。（《路桥志略》）

　　於俊英，於泰裔，知府。《路桥志略》载："於俊英，河西人，台州路总管府治中，入明，知琼州府。"（《路桥志略》）

　　於俊昂，於泰裔。《路桥志略》载："於俊昂，河西人，海道防御千户。"（《路桥志略》）

　　於松友，於泰裔孙，为方国璋岳父，为方便河西居民进入河东，建松友桥于山水泾口。

　　於初翁，河西人。《路桥志略·卷四·叙人》载："於初翁，字善卿，号循斋，河西人，少时父为人诬陷下狱，涕泣从母白其冤。长好学，以科目未行，专意于诗，晚筑室莳花，自号最闲老人，有《最闲集》，今佚。"（《民国黄岩县志》同）

　　路桥於氏，主要聚居在河西、后於（蔡於）等地。路桥於氏主要有於泰一族，先是居住在河西，后裔有居住后於等地。其族彦有於泰、於廷询、於永庆、於达等。

　　路桥於氏祠堂，或在桐屿。其宗谱或在《同屿於氏宗谱》分支中。

　　於氏书院建于清乾隆年间，由於永庆捐资所建，后毁于火，今承继改为河西小学。

　　於永庆，号德先，河西人，乾隆中在河西建路桥於氏书院，旧址无考。太平林之松为之记，后毁于火。（《路桥志略》）

　　於精和，清乾、嘉年间河西人，字定纯，号粹人。清嘉庆元年洪潮淹没，沿海居民逃死无算，精和载米往赈，积尸皆掩埋之。

子斯年，号祐堂，嘉庆二十三年戊寅举人，大挑一等，补直隶元城知县，署开州知州，庆元年洪潮淹没，沿海居民逃死无算，精和清嘉庆元年著有《百祥草堂诗》，今未见。次万年，号锦龄，武举。孙恒吉，号叔方（斯年子），直隶县丞，治漕有功，保举署曲周怀来知县，在曲周，平奸民之抗赋者而赈恤之，保升知府，迁居梅关。

刘家

路桥刘氏，南宋正议大夫、提举崇禧观刘允济，由新浃（今属温岭市）迁居路桥。族人有刘致中，明成化二十年进士；刘梦龄，明万历七年举人；刘金河，清光绪二年乡试举人，历主清献、文达等书院。

另有宋润州司法参军刘弘宝自福建迁黄岩城关，转徙路桥。

另有说法，宋光宗时（1190—1194）刘允济被谪，削去卯刀，

刘家里

改姓金氏，避居本邑稠开六角井。至明迁柔川。

路桥刘氏，主要聚居在路桥街。

刘家里，在话月巷，为刘治雄祖上所建。

《路桥刘氏宗谱》，明嘉靖、万历间始修谱。清嘉庆迄同治时作时辍，光绪二十六年刘苔续修，凡二十七卷。

《刘氏励儿诗》："骏马骑行各出疆，任从随地立纲常。年深外境皆吾境，日久他乡即故乡。早晚勿忘亲命语，晨昏须顾祖炉香。苍天佑我卯金氏，二七男儿共炽昌。"此诗为刘广传鼓励儿子向外发展而作。

杨家

麻洋杨氏。杨嗣秀、杨嗣善，宋宝祐二年（1254）迁居麻洋（下马堂），至明代，杨怀山复迁至四衙桥，其子孙分居石曲、四衙桥、杨家一带。

四衙桥杨氏。为麻洋杨氏分支。明代杨怀山从麻洋迁居四衙桥，其子孙分居石曲、四衙桥、杨家一带。

河西杨氏。海南郡尉杨廉善迁居沙岗（今椒江区洪家沙王一带），为沙岗杨氏始祖，支分高桥、长浦、徐山、枧西及乐清等地。河西杨氏为沙岗后裔，十七世杨时鳌，字道占，号阜东，清道光年间（1821—1850）由沙岗迁居路桥河西。进士杨晨即其后人。

路桥杨氏家庙在河西虹桥头。民国九年庚申（1920）建，王舟瑶为《记》，东楼储御书及法书名画，西楼庋藏书籍，有宋徽宗大晟应钟。

据《河西杨氏家谱》载，杨家有市房二十间，内屋三间，每年税洋四百六十四元，收入供家庙祭祀、修理及整理藏书之用。有书田八十六亩四分八厘六毛，共租谷一百三十七石五斗三升，

津贴高中、大学肄业学费之用。现杨晨旧居只剩下杨家门墙。

《吉岙－桐屿杨氏宗谱》于明嘉靖十二年由杨永翰创修。由明万历二十年杨茂经、杨茂纬，清康熙十八年杨天赠，乾隆五十七年杨维标、杨德如，光绪九年杨宠茂、杨大成，民国七年杨素谦，均有续修。

河东杨家，由杨阜东（1784—1859）迁入。杨阜东，名时鳌，字道占，号阜东，其先自石塘迁黄岩高桥（今属椒江洪家），少读书，以家贫亲老，弃而业贾，从其舅氏徙居路桥。咸丰三年大雨海溢，并海居民多死者，公为椑，雇人敛之，为粥以食饥者。《沙巷－河西杨氏宗谱》清同治三年杨友声续修，之后杨晨又纂《月河渔隐自订年谱》。

杨氏家训有：

> 忠：上而事君，下而交友；
> 孝：敬父如天，敬母如地；
> 勤：日出而作，日落而息；
> 俭：量其所入，度其所出。

谢家

路桥谢氏。奉明谢鹤龄（生于嘉靖三十九年，1560）为第一世。以邮亭谢家里为主要居地，分居三桥、卖芝桥外田洋王等地。《路桥谢氏宗谱》（旧序二）曰："谢氏居台州者，俱始于下渡，而居黄岩者，俱祖丞相深甫。"路桥谢氏以南宋宰相谢深甫为祖，自第三世分为五房。

路桥谢氏祠堂建于清嘉庆初。

《路桥谢氏宗谱》谱有明万历二十三年乙未谱、清康熙五十一

谢家里

年壬辰谱、同治三年甲子谱、民国四年乙卯谱（2015 年 4 月重印）。

路桥谢氏族彦有谢德荫、谢士骏等，建有"亦乐园"，为路桥著名园林。

谢士骏（1864—1944），名大裁，字允成，号展甫，德荫长子，路桥谢氏第十世。（光绪年间）优生。民国初任路桥镇自治会总董，与施鸿浦筹建路桥水龙会，置 10 支水枪。谢士骏在路桥镇自治会总董任上，协助长浦巡检施鸿浦，疏浚南官河路桥街段，使之重新通航。与任重等建月河诗钟社，编著有《依乐园诗草》等。

王家

逍岙王氏。宋天圣二年，逍岙王琥、王珏兄弟联袂登进士第。明嘉靖年间从逍岙迁居黄岩柔桥（1024），与宁溪王氏不同谱，学者王棻为其后裔。

长浦坦田王氏。坦田王氏是黄岩宁溪王氏分支，始祖王从德为唐咸通（860—874）进士、大理寺少卿，唐末梁初，从杭州迁居宁溪。十三世登祖、登来二兄弟从宁溪迁居

王家里

长浦坦田，为坦田始迁祖，子孙分居水门、高田等。行第辈分与"宁溪王"一致。（民国《黄岩县新志》）

中桥、三桥之西有王家路，王家路上有王家里，王志千就出生于此，此处后为郏道生居住。

李家

李家洋李氏。李氏于唐玄宗时平安禄山之乱，率兵至台州，遂家焉。子孙分迁洪洋、埭头和温岭螺屿、沈桥、楚门、牧屿、青石桥等处。（民国《黄岩县新志·氏族》）

长浦李姓。出自岭下李氏，岭下李氏尊钱塘李矗为始祖，至十三世永弘迁岭下（约在元末），二十世福祐（字保雷）迁长浦。

李匡，世居长山（今长屿），生于路桥南栅（《新河镇志》），再迁黄岩城西街。

郏家

郏家里门前快船埠头路廊

郏家里，俗称三透里，位于路桥街道下里居，为清代建筑。该建筑坐东朝西，为三进四幢、四合院式组合，穿斗抬梁式混合木结构。廊下月梁、斗拱等雕刻花草、鱼虫及人物故事等图案，形象逼真，格

子窗嵌福、禄、寿等图案，雕刻工艺精湛，保存完整。现存有平房、楼房 48 间，占地 3113 平方米。

据《姓苑》载，郑国有大夫郑张，因其祖上受封于郏地故后代以封地作为姓。

石浜郏氏。路桥石浜是境内郏姓主要居地之一，主要人物有郏维干、郏成宗等。

路桥街郏氏。主要在南栅郏家里四周，人物有郏懋辉、郏丙成等。

郏道生、郏寿生兄弟是前洋郏人，因办织物厂而居住在路桥街。

方家

石曲方氏。其系分自福建莆田，再迁于台州仙居，宋代三迁于黄岩洋屿（今属路桥区），遂占籍焉。有曰天成，子宙，孙伯奇。伯奇子五，曰国馨、国璋、国珍、国瑛、国珉。国珍明初赠资善大夫广西等处行中书省左丞，卒于南京邸第。子孙转居黄岩石曲，

方家

名其里曰前方，自是黄岩石曲始有方氏焉，有明社屋。石曲外诸方，散处远近不下十余村，若前方、后方、沧前、泉井、南栅、竹场、鉴洋诸处，远至玉环，皆联其派。

乔家

乔家里古民居位于路桥街道殿南居，建于清代。坐东朝西，三进四幢，四合院式组合，现存平房、楼房28间。穿斗式抬梁式混合木结构。宽23.35米，进深45米。前门墙以青砖拱砌，门联及图案已破坏，上开三小窗。第三进廊下月梁底部浅雕福、寿图案，星斗造型简单，有的贴饰、门窗几乎更换。

乔家里

徐家

松塘徐氏为凤阳徐氏分支，先祖为宋户部尚书兼观文殿大学士徐处仁，随宋高宗南渡，五世徐仕商（名琏）在宋理宗宝庆二年（1226）迁居新桥凤阳，为凤阳徐氏始祖。松塘徐家里为路桥典型的老民居，横列三幢四合院，占地面积约2400平方米。建筑主体呈前后轴对称，石木结构，中院正厅五开间，两侧院落正厅各六间。各院正厅均重檐歇山，小青瓦屋面，屋脊翘角饰香草凤、回字纹及扎宝图案；底楼设前廊，绕天井成回廊，青石柱础，束柱，施象鼻斗拱。月梁浮雕香草蝙蝠及福、禄、寿扇形图案，月梁上置如意猫儿梁。槅扇门、格子窗饰八卦、双喜图案，工艺精湛。各院天井地面均由方石铺砌，厢房均为四间重檐。各院门屋，仅于中间开设台门。另东院主体建筑后，建有一座坐北朝南的"凹"字形辅房，内设采光小天井，现已拆除。

徐正言，字晓帆，路桥松塘人。廪贡生，工帖括，小试辄前列，其诗粗视似浅易，细嚼之，率隽永有味，近于白香山一派。教授里中，门下著籍者甚众，乡试屡荐不受。晚年究心内典茹素戒杀，凡地方诸善举，罔不乐施。卒年七十余。

徐聘耕（1875—1952），名乐尧，字聘耕，路桥松塘人。民国二年（1913），任绍兴戒严司令，后任浙东清乡总司令，升陆军少将。抗战时任路桥镇长，曾兼任慈善社社长，创办黄岩县私立路桥初级中学，即现路桥中学前身。

张家

青阳张氏。奉唐张九龄为鼻祖。南宋绍兴初（1131），张直（字九成，号兰窗）游黄岩，拜先祖张璘墓，道经灵山乡清洋，见有大蛇盘踞其地，喜，便从永嘉楠溪迁居黄岩清洋，改清洋为青阳。张姓源出自黄帝之子少昊青阳氏之孙挥，挥任弓矢之长，赐姓张于青阳（河北清河），为黄岩青阳（今属路桥区）张氏始祖。其后子孙繁衍，派分十族世，分居七份（为青阳张始祖居地）、八份（包括沧前）、十份（包括亭屿）、白峰桥、浦口（浮排、白露洋）、安容（包括路西塘）、麻车桥（包括新屋张、新郎桥）、逍岙、石曲等地，有"十里青阳张"之称，遂成巨族。

前洋方张氏。明季倭寇之乱，有张世榜者，避居前洋方，为前洋方张氏。

朱家

长浦朱氏。宋仁宗时（1023—1063）朱琳裔孙朱延灿（介良）从临海庙巷转迁长浦，后裔分居下里朱、当港桥、朱家浦、方家垾、白分、竿蓬、半洋朱、八分朱、泾口朱、高园、路桥、田济、白露洋、安容、龙潭坑、溪岸、张瓦屋、下洋山、稠溪、王大洋、大应山、宁溪前洋、大塘、上蒋岙、妙儿桥、杨郭朱、石板殿、塘角头、下大陈、塘头、溪头叶、六角坦等处。有名可考者有：苍四转迁东浦，启东分迁乌纱、浦口，仁盈迁涂下、家子，云直迁池头，一昌迁泮洋、稠溪、石笋、下洋山，显星迁路桥。另有第十三世道漭迁上宅平桥，为大房派。（《长浦朱氏宗谱》）黄岩名士朱文劼即长浦朱氏后裔。

《长浦朱氏宗谱》："朱氏系出宗文公，居婺源，贾似道当国，曾孙纬，官台州守。传至贵巍，由天台迁松浦。元兵渡江时，纬弃官避黄岩山亭。子二：伯辅、伯弼，仍居松浦。伯辅后分八房，其第七房一派迁邑境罗洋，名时圣。时圣，纬十三世孙。"

《黄岩文史资料》："朱熹四世孙朱纬在宋末任台州知政，元灭宋后安家在黄岩山亭街，朱纬十三世孙朱时圣迁居螺洋，为螺洋始祖，今螺洋有朱熹后代'允、克、正'三辈分。"

方家垾朱氏为长浦朱氏分支（《长浦朱氏宗谱》）。中漳林氏第五世允恭，字敬所，在南宋绍兴三十年庚辰（1160）迁回黄岩委羽，续赘长浦朱氏，乃卜宅中漳，为中漳始迁祖（《箕山林氏宗谱》）。

大亨里

大亨里是大粮商俞成模旧居，位于路桥街道邮亭居元宝池路47号，现存建筑六幢二十六间，主体为两层楼房，砖木结构，为

大亨里

清代建筑。正厅重檐硬山顶，面阔三间，进深九檩，穿斗式木梁架结构，前檐辟廊，后挑檐，下有两扇拱券门。三合院式，平面长方形，宽26.4米，深36.6米，占地面积936余平方米。青石柱础雕刻人物故事、海珍花草等图案，形象逼真；柱头置象鼻斗拱，廊下月梁阴刻双狮戏珠等图案，八卦窗棂上镶嵌寿桃，隔扇门上饰山水画卷，工艺考究。屋脊灰塑，莲花宝瓶，线条流畅。正厅后尚存伙房十一楹。厢房东面后建一翼头，八五开间。封火山墙，木作屋面，石板铺地。

杰阁峥嵘傍斗杓——长街历史名人

杰阁峥嵘傍斗杓 —— 长街历史名人

从北宋到如今，千年的光阴在老街流转，一代又一代的人们生活在十里长街，其中诞生了许许多多的名人。他们或走出家乡，走向更广阔的天地，成为中华大地上的历史风云人物；或扎根于长街，默默造福桑梓，成了路桥人记忆中的传奇。

这些人物，是长街最宝贵的历史人文资源，也是路桥永远的骄傲。

委羽真人范锜

范锜，路桥后范人，北宋高道，委羽山大有宫主。

范锜是个神人，据光绪《黄岩县志·寺观·仙释》载，他出生时"神光满室，异香三日不散"这个孩子似乎天生好道，没事总往道观跑，后来在委羽山修炼得道。范锜人生的高光事件，是给当时的皇帝宋徽宗治病。

政和中，徽宗得了怪病，天下名医均无可奈何。有人在皇上跟前说委羽山高道范锜有奇术。徽宗下诏

召见。范锜来到宫中，给皇上服用了丹药，没想到，一下子就全好了。徽宗大喜，赐他爵位黄金，范锜都谢绝了，跟皇上说："我只想游一游内府，就满足了。"

对于这个简单要求，徽宗当然同意。于是，范锜在内府遍阅国宝，当他看到上真玉像及一剑一镛，抚玩再三，爱不释手。范锜的举动早由内官报给皇上，徽宗就以此三物赐之，并赐他"真人"道号。范锜当着皇上的面展示了"神通法术"，他把三件宝物放到御沟中，书了一张符盖在上边，瞬间，宝物竟然不见了。范锜回到委羽山，来到水井边作法，那三件宫中宝物竟从井水中浮出，范锜便把它们收藏在大有宫。

有一天，范锜从外面回来，大有宫里的诸神失迎迓礼，范锜大怒，口中吐火，大有宫被焚毁，上真玉像及剑凌空飞去，乡邻们前来救火，见此景象，以小便水秽之，镛得留。后忽一夕，范锜沐浴登楼，到了半夜，里人听到天上有仙乐传来，清晨跑到大有宫，才发现范锜已经趺坐而化。朝廷赐葬鲍岙，赠朝奉郎。

乾隆《黄岩县志》记载了一个范锜与十里长街有关的神奇故事。河西庙神曾经侮辱真官范锜，被谪往他乡。一日，在路边遇到老乡林恺祖，让恺祖带家书回乡，对他说：可投书在庙旁的古木中。又说：石函中有书一部作为报酬，你以后就不用愁了。恺祖回到路桥，至河西庙旁，按照庙神的嘱托，把家书放入古树的树洞中。树洞里竟传出哭声，恺祖发现树洞里有石函，打开一看，果然有部古书，原来是小儿秘方。恺祖从此便改行行医，成为当地名医。"空树传书"的古木也成为"旧新安八景"之一。

"风尘侠女"严蕊

严蕊，生卒年不详，本名周幼芳，南宋中期词人，传为路桥人。

出身低微，自小习乐礼诗书，后沦为台州营妓，艺名严蕊。善操琴、弈棋、歌舞、丝竹、书画，学识通晓古今，诗词语意清新，四方闻名。淳熙九年（1182），浙东常平使朱熹巡行台州，因唐仲友的永康学派反对朱熹的理学，朱熹连上六疏弹劾唐仲友，其中第三、第四状论及唐与严蕊风化罪，下令黄岩通判抓捕严蕊，先后关押在台州和绍兴，施以鞭笞，逼其招供，"两月间，一再杖，几死"严蕊宁死不从，说道："身为贱妓，纵合与太守有滥，科亦不至死；然是非真伪，岂可妄言

严蕊画像

以污士大夫，虽死不可诬也。"此事朝野议论，震动宋孝宗，将朱熹调任，改由岳飞后人岳霖继任。岳霖释放严蕊，问其归宿。严蕊作《卜算子》自述其志，岳霖判令从良，后被赵宋宗室纳为妾。词作多佚，仅存《如梦令》《鹊桥仙》《卜算子》3首。明代凌濛初小说《二刻拍案惊奇》第十二卷《硬勘案大儒争闲气 甘受刑侠女著芳名》一回里详细描写了严蕊的故事。

仁义清官刘允济

刘允济，字全之，原新渎（今属温岭）人，退休后居路桥南栅，为路桥刘氏始迁祖。宋淳熙五年（1178）进士，初为婺州掌教，历太常寺主簿、国子监丞、知南剑、提举福建常平，知永嘉（即温州），以中奉大夫提举崇禧观。

刘允济在南剑州做知州时，发现当地民俗十分重男轻女，生

长街文史

下女孩大多被溺死。刘允济针对这种恶俗，一边敦敦劝诫民众，一边颁布严格的法令，禁止溺死女婴。遵守的给予粟米奖励，不遵守的治罪，双管齐下，南剑民俗为之一变，挽救了无数女婴性命。他在永嘉任上时，与通判陈子云、知县胡衍道等僚属一心，利兴弊革，政绩斐然，远近的百姓们都交口称赞。遇到像刘允济这样爱民如子的地方官，周纯臣每叹永嘉人有福，好友叶适也作诗纪之。

乡绅典范赵处温

赵处温（1191—1265），字和卿，号月溪，洪洋人，以孝悌著称。赵氏兄弟有田在役。宋理宗宝庆二年（1226），弟弟赵亥（赵处良）登进士第，名列第三，按宋时惯例，登科之后，在义役的田地将归还赵家。兄弟俩商议，这些归还的田地不必私用。弟弟赵亥走后，赵处温在家经营农田，精打细算，处处节约，完成课税之后，有余钱，即买田产。这样，积二十余年，买田数百亩，于是在自己的旧屋基上，创建义庄。

《雍正浙江通志》188卷记载，在赵处温、赵亥兄弟的主导下，"出义庄田三百亩，以供义役，岁储粟千石以助乡之贫，而无敛，及婚丧无力者"赵处温设义庄救济贫困的事迹传开后，声名远扬。谷口郑大惠叙为之歌诗，车若水、王华甫为之记。此后，县里有要事，如缴税、浚河、铺路、造桥等大役，县令都来与赵处温商量，或委托他协办。

赵处温弟弟叫赵亥，又名处良，字遂卿，号西村。南宋宝庆二年（1226）右榜进士登第三名，由殿前司同副将，积功以武翼大夫改文资，做过滕州及贺州、广德州太守。赵亥性格恬退，杜范任右相时，曾经累书促他赴京，但他并不愿意。回到家乡后，赵亥多行义事，支持其兄赵处温兴建义庄，乡人们很感恩他的德行。

赵处温兄弟创建的义庄，较早以宗族之名参与到基层治理，丰富了路桥义利并举的传统，为中国农村"乡绅之治"开启了新的篇章。

洪洋义庄田记

(南宋) 王华甫

　　古者比闾族党之长，以士大夫为之，在汉则亭长、乡老，皆有禄。唐初，里正取勋官六品以下及士之白丁，而工商不与，贵之也；唐末，里正谓之贱役，贤者、能者、老者、疾者皆不舍，而贵者独舍。于是豪右窜于其间，而官又制为之法，曰"儒科武勋"也，一有得之，未论他日事业而以目前去役为荣。役者，当日至之时，恒栗栗惴惴惧，脱遇警急，即吏机上肉，推先避多，纠讼断断，贵者未必不坐笑之，岂尘念虑哉。

　　淳熙、嘉定间，浙之诸县，渐衰田给义役，而人始有苏意，然而贵者不与也。黄岩洪洋赵氏，当滕州使君未第时，其都先有义役事，无纪生生耗亡，赵氏故有田在役。既登第，众谓必当弃还。滕州与其兄处士议，不取，别籍而衍之，积田两百亩。淳祐九年，余在黄岩，尽劝诸村义役，其都衰田两百三十亩，并委处士督之。居无何，增置田百亩，通其旧为私三百亩，足充役费，而所衰还之役家矣。噫，世之所谓无好人者，真不即人心之论也。夫户各有役，岁月月均之，大小无盈缩焉，旧也；因其大小而量其岁月，义矣。其间有幸有不幸，又合大小之力而彼己一家，又义矣。贵者既去役，役者自义，未望贵者之我义也。不义者方觊回旧田，义者弗觊而已，谁能劳勚积累，使乡里尽用吾田以为役，而役家之田则散而归之者哉。观其定盟制规，无甚苛密，有古人相与真意。处士且捐基创庄，燕间庖湢尽具，不止为金谷司存，而四时序拜乡饮集焉，识见又远也。朝廷立正长之法，专主烟火盗贼，不许

长街文史

以岁累之顽民细户，或无承税，不得已而付里正，已非诏旨。比年遭令，不肖岁晚钯承符出大檄无催而白征里下，力不能支取之义庄，明载于籍。余尝阅群籍，必有贵人在其间，而后其都不受其害，洪洋其一也。然则横政之不及于其里者，畏耶？愧耶？谓其畏也，士大夫何惜不为乡之借重耶；谓其愧耶，则豺狼能使不噬世道。大矣，赵氏不可多望得见，借重者，斯可矣；借重者又不可多见，松柏之下，草不容植，人之相去，如九牛一毛，可胜叹耶。然洪洋不在天上，谓赵氏不可多望者，又即人心之论也。故因其里人之请，特为记之，以讯人心之同然者。处士名处温，滕州名亥。

（录自《赤城后集卷九》《光绪黄岩县志》《路桥志略》）

【注】王华甫，字实翁，新昌人，淳祐九年（1249）来黄岩任知县，抑强扶弱，正经界，均赋役，岁连稔，民歌咏，之后为台州知州。

越国公方国璋

方国璋（约1315—1362），洋屿人。出身佃农盐民，以贩盐浮海为业，勤劳节俭，家境渐富，经常接济族人乡党。

元至正八年（1348），参与其弟方国珍起义，元派江浙行省参政朵儿只班剿捕，反被方氏兄弟抓获。朵儿只班为其上书说情，朝廷授方国璋仙居县丞，方国璋到任后，清除陈年积案，民悦吏服。

十年下半年方氏兄弟复叛。十一年八月，朝廷派大司农达识铁木儿到黄岩招降方氏兄弟。十二年四月，方氏兄弟复反，攻占黄岩城。十三年江浙行省左丞帖里帖木儿招安方氏兄弟，授国璋广德路治中，未赴。乃立巡防千户所，授千户，赐五品服。

十五年，国璋为元廷督运漕粮至大沽，有旨升台州路千户所为万户府，授国璋亚中大夫上万户，佩金符，赐金系带。十六年张士诚陷平江，江浙行省檄方国珍率舟师往讨。十七年，国珍出

兵昆山，国璋领次子方行攻入太仓。张士诚被迫降元。元廷命国珍、国璋罢兵，录其功升国璋通奉大夫、防御运粮都元帅、衢州路总管，赐袭衣、宝刀、御马，镇守台州。十八年之后，红巾军起义如火如荼，中原道闭，元廷使臣之往来，要求庆元方国珍出船，平江张士诚出粮，由海道运粮至京，国璋送迎无缺。朝廷赏国璋，升他为福建行省参知政事，又升为资善大夫同知行枢密院事。

十九年春，朱元璋占领衢州、婺州后，遣使诏谕方国珍兄弟；元廷也拉拢方氏兄弟，升国璋荣禄大夫江浙行省右丞。方国璋劝说朱元璋降元，朱元璋态度暧昧。

二十年，元察罕贴木儿大举进攻起义军，形势急转直下，朱元璋惊慌，派遣千户王华挟三千金附国璋海舟至燕京通好。朝廷遣尚书张昶回台州，将转道婺州去集庆（今南京）见朱元璋。

二十一年（1362）二月，朱元璋部苗将王保、刘震、蒋英杀婺州统帅胡大海，持首级越苍岭到仙居来降，方国珍不纳。二月二十一日，方国璋率百余骑至仙居，设宴款待王保等，送金币，劝其约束苗兵。当夜四更，王保偷袭方营，矢石如雨，方国璋持矛力杀十余人，矛折中矢而亡。朱元璋遣使致祭，元廷赠他"银青禄大夫江浙等处行中书省平章政事上柱国封越国公谥荣愍"。

东海枭雄方国珍

方国珍（1319—1374），洋屿人，是元末第一支起义军领袖。

他生得身长面黑，力勒奔马，以佃农和贩私盐为生计。至正八年（1348），方国珍被冤家告与匪勾通，官府追捕，国珍杀冤家，与兄国璋、弟国瑛、国珉逃入海中，聚众数千人，劫夺海运漕粮。元廷命江浙行省发兵征讨，方国珍俘行省参政朵儿只班，请降，不久复反，又俘行省左丞孛罗帖木儿，后受元招降。十二年（1352）

三月复反，于黄岩澄江杀浙东道都元帅泰不华。次年，使人至京师贿赂权贵，元授以徽州路治中，仍横行海上。十六年（1356），元授以海道漕运万户。次年，升江浙行省参政，奉命讨伐张士诚，七战七捷，败张军于昆山，张士诚遂降元。方国珍据浙东庆元（今浙江宁波）、温、台等地。

方国珍占据浙东三郡后，实行保境安民政策，主要措施有四项：筑城、兴修水利桥梁、兴办学堂、发展航运和海外贸易。方国珍积极派人去高丽等外邦联络，改庆元路市舶提举司为"海沧馆"，"番货海错，俱聚于此"。《至正四明续志》记载庆元进口舶货有220多种，比南宋的《宝庆四明志》所载舶货多出60余种。无怪乎元人在描绘庆元时这样写道："是邦控岛夷，走集聚商舸。珠香杂犀象，税入何其多。"

方国珍还积极改进船只结构工艺，"造船千艘于海上"，并把体大坚固的福船作为主船舰，推动了中国造船业和航海业的发展，对后来以"郑和下西洋"为代表的明代航海事业做出了不可磨灭的贡献。

元末各起义军争城夺地，百姓极受其害。方国珍管辖的浙东，从至正十五年后到至正二十七年这十多年时间，基本没有战争，百姓安居乐业。至正二十七年（1367）九月，朱元璋开始进攻方国珍。十二月，方国珍投降。朱元璋授方国珍广西行省参政，食禄京城，赐宴时，国珍皆与功臣列坐。

方国珍石雕像

洪武七年（1374），方国珍病故，寿五十六岁，葬于南京城东二十里玉山之原。洪武九年（1376），朱元璋敕命翰林学士承旨宋濂作《故资善大夫广西等行中书省左丞方公神道碑铭》，对方国珍的一生作出积极评价："盖公以豪杰之姿，庇安三路六州十一县之民，天兵压境，避而去之，曾无一夫被乎血刃，其有功于生民甚大。"

方家群雄谱：方国瑛、方国珉、方明善、方礼、方关、方行

方国瑛，国珍弟。元至正八年，参与兄国珍起义。《元史·顺帝》："（至正）十三年……冬十月……庚戌……授方国珍徽州路治中，国璋广德路治中，国瑛信州路治中，督遣之任，国珍疑惧，不受命。"方国珍占据浙东三路后，以国璋、国瑛守台州；国璋死后，侄明敏协助国瑛守台州。十九年（1359），朱元璋遣使招安方国珍，授国瑛福建行省参政，印留而不用。二十六年（1366），元廷授他江浙行省平章政事。《元史·顺帝》："二十六年……秋七月……丙戌，以方国珍为江浙行省左丞相，弟国瑛、国珉，侄明善，并为江浙行省平章政事。"至正二十七年九月，朱元璋将朱亮祖进攻台州，国瑛拒战失败，奔黄岩。十月，朱亮祖兵至黄岩，国瑛烧廨宇，遁海上，守将哈儿鲁降。十二月，与侄明善一道降朱元璋。

明授国瑛行中书省参政。

方国珉，国珍小弟。元至正八年，参与兄国珍起义。十五年，国珍攻占庆元（今宁波），留弟国珉在身边，作为副手。十九年，朱元璋遣使招安方国珍，授方国珉江南行枢密院金事，国珉开院署事。在庆元期间，方国珉直接领导并参与修筑上虞海堤。二十六年，元廷授他江浙行省平章政事。二十七年，与兄国珍一

长街文史

道归降朱元璋。

方明善（约1330—？），又名亚初，国珍长兄国馨子。元至正八年，参与方国珍起义。十二年六月，方国珍占领黄岩城。十四年九月占领台州城。十五年（1355）三月入据庆元城，以方明善摄黄岩州事。十七年七月，方国珍遣李德孙攻占温州，十八年（1358）国珍派遣明善为省都镇抚分据温州。至正二十三年春，方明善调水军攻平阳州，九月城破。"二十六年秋七月丙戌，以方国珍为江浙行省左丞相，弟国瑛、国珉，侄明善，并为江浙行省平章政事"（《元史·顺帝》）。二十七年，朱元璋部下朱亮祖进兵温州，方明善拒战失败，朱亮祖追至楚门（今属玉环县），国瑛及明善诣军降。

方明善在管辖温州期间，有善政。《明太祖实录》《明书》载："明善居温，颇循法度。"重修温州路谯楼;《乾隆温州府志·水利》载：乐清县东、西两渠"岁久淤塞，元末，方氏史刘敬存摄邑，浚治深广，于是两渠复通，仍建宝带桥其上。又浚东小河至白沙，以泄溪流，舟楫可通，田得以灌溉，民甚便之"

方礼（约1338—？），又名明礼，字德庭，国珍长子。《明史·方国珍》："官其子礼广洋卫指挥佥事。"《万历黄岩县志》载："明礼，名德庭，国珍子也，宣武将军广洋卫亲军指挥使，好学有文，尤善吟咏，尝奉命筑城边海，世所传方小指挥诗，皆明礼作也。"《石曲方氏宗谱》《路桥志略》载："明授宣武将军、广洋卫亲军指挥使，好学有文，善吟咏，著有《方小指挥诗》。"

方关（约1339—？），小名亚关，国珍次子，朱元璋赐名完，又称明完。明忠显校尉虎贲卫千户所镇抚，参与建言修筑抗倭卫所，主要修筑定海等处抗倭卫所城。

元至正十八年十二月，朱元璋攻占婺州，使主簿蔡元刚使庆元。《太祖实录·方国珍本传》载："己亥（1359）三月丁巳，方国珍遣郎中张本仁以温、台、庆元三路来献，且以其子关为质，太祖

曰：'古者虑人不从，则为盟誓。盟誓变而交质子。此衰世之事，岂可蹈之！凡人之盟誓交质者，皆由未能相信故也。今既诚心来归，便当推诚相与，当如青天白日，何至怀疑而以质子为哉？'乃厚赐关而遣之。关后改名明完。"至正二十七年（1367）九月，朱元璋将士进攻方国珍部，十二月国珍遣子关奉表降。

归明后，洪武七年正月，朱元璋封方关为忠显校尉虎贲卫千户所镇抚。其后参与筑城防倭事。清初鄞县全祖望《鲒埼亭集》言："而国珍子亚关，旧尝在金陵为质子，建言当筑城于沿海以防倭，太祖诏下信公施行，于是始筑定海（在今宁波镇海）等处十一城。定海城为卫，而以大嵩、穿山、霩（雨衢）、翁山四城隶之；观海城（在今宁波慈溪）为卫，而以龙山城隶之；昌国城（在象山）为卫而以石浦、钱仓、爵溪三城隶之，皆以亚关之言也。"

方行（约1339—？），又名明敏，号东轩，国璋次子，方礼从弟。自少喜读书，襟度潇洒，善谈明理，好为诗；有勇力，善骑射。元至正十七年八月，方国珍奉命讨张士诚，大败张士诚于昆山，明敏与父亲一起去太仓。张士诚降元后，元廷授明敏江浙行省参知政事，调江西行省参知政事。国珍罢兵，开治于庆元。明敏在庆元期间，与名流刘仁本、赵俶、谢理、丁鹤年等唱和。至正二十一年，其父在仙居被苗军杀死，明敏与兄明巩起兵来，未到而苗兵已退避新昌，追弗及。朱元璋从应天遣使到台州祭奠。之后协助叔父国瑛守台州。台州城及黄岩城被朱元璋部将朱亮祖攻破后，国瑛、明敏等撤到温州。后随叔父国珍降。朱元璋迁方氏家族至濠州，明敏随行。

方国珍死后，朱元璋以浙东三府民心未靖，以明敏、明谦为总管，统理军务。方行参与筑抗倭城。后又因明谦事谪发明敏至云南卫所，委以千户。

著有《东轩集》，宋濂作序，称"古诗俊逸超群，律诗清切婉丽"。御选《元诗》采之。《光绪台州府志》《光绪黄岩县志》等有传。

抗倭先驱方明谦

方明谦（约 1347—1396），字德让，方国珉子，洋屿人。随三伯方国珍归顺朱元璋后，避讳改名鸣谦，授明威将军、广洋卫亲军指挥佥字，担负南京宫禁值宿警卫。

方明谦是明初抗倭卫所的创议者、襄办实施者。《明史·汤和传》载："既而倭寇上海，帝患之，顾谓和曰：'卿虽老，强为朕一行。'和请与方鸣谦俱。鸣谦，国珍从子也，习海事，常访以御倭策。鸣谦曰：'倭海上来，则海上御之耳。请量地远近，置卫所，陆聚步兵，水具战舰，则倭不得入，入亦不得傅岸。近海民四丁籍一以为军，戍守之，可无烦客兵也。'帝以为然。和乃度地浙西东，并海设卫所城五十有九，选丁壮三万五千人筑之，尽发州县钱及籍罪人赀给役。"

洪武十七年（1384）开始筑城，逾年而城成，御史秦凯有《和方指挥海上筑城歌》。《光绪黄岩县志》载："今沿海海门、松门、新河等城皆襄武（汤和）督建，而鸣谦所营度者也。"卫所城建成后，稽军次，定考格，立赏令。

方明谦绣像

洪武十八年，明太祖朱元璋赐他五花马，廷臣相率赋诗以彰殊恩，方孝孺作《御赐广洋卫方指挥明谦五花马诗序》。

洪武二十年（1387），信国公汤和奉命视察边海，委托方明谦襄办。方明谦于台州设立海门、松门、新河、桃渚等卫所。玉环乡（时属乐清县）筑楚门、隘顽两城，并置御倭水军千户所（户为军户，每 1 军士为 1 户，千户所统兵 1200 人），与巡检司互相策应，隶松门卫。浙东民 4 丁以上者，户取 1 丁戍之，凡得 58700 余人。

《嘉靖太平县志·兵防》载："盘马巡检司在第六都盘马山，旧隶黄岩县，洪武二十年广洋卫指挥方鸣谦奏建。墙垣周围一百五十丈，高一丈八尺，厅屋三间，吏舍一间，弓兵房三间，城门一座。旧额弓兵一百名，今裁减止存八十名。""新河守御千户所在县东北三十里，隶海门卫。城高二丈三尺，周围五里六十八步。洪武二十八年信国公嘱广洋卫指挥方鸣谦建。旗军八百六十三名。正千户五员，副千户二员，镇抚一员，百户十员。"

《民国黄岩县新志·国防》载："新河千户所在卫城南五十里（《宏治赤城新志》），洪武十九年十二月置（《明史地理志》），二十八年信国公嘱广洋卫指挥方鸣谦建城，高二丈三尺，周回五里六十八步正，千户五员，副千户二员（《宏治赤城新志》），镇抚一员，百户十员（《康熙太平志》），太旗军八百六十三名（《康熙通志》）。"

温州金乡卫城亦是方明谦经办建成。金乡抗倭引《纲目三编》载："方鸣谦请并海置卫，太祖从之。"金乡卫，管辖平阳沿海所有水陆并寨，包括卫城内五个千户所和蒲门、壮士（今属马站）两个千户所，一直到沙园所（今属瑞安市）。权力最大的时候，宁村所（今属瓯海区）、海安所（今属乐清市），也由金乡卫指挥使节制。

《松江府志》载：明洪武十七年，为防海患，方鸣谦聚众20万，在柘林、金山、乍浦筑城，史称"圆、方、长三城"。尤以金山卫城为最，与当时的天津卫、威海卫并称海防三大名卫。后人为纪念这位民族英雄，遂造一座规模宏大城隍庙，位于十字街东门，现存遗址。因在筑金山卫抗倭，方明谦被金山县民奉为城隍爷，至今香火不断。

仁心知县於仲完

於仲完，路桥河西人，为人聪明正直，明洪武年间，任江西永新县知县。任期间，永新县南乡发生了以龙仁和为首的寇乱，当地千户所官想以捕盗为名渔利，准备调军尽屠南乡，仲完得知后，奋力劝阻，亲自率乡兵抓住寇首治罪（《万历黄岩县志》），而其他人全部释放（《嘉靖江西通志》）。寇乱平息后，南乡人对於仲完感恩戴德，视若父母，生子多以於为名。於仲完不以私利而滥杀无辜，用自己的仁义之心保全一乡百姓，堪为一代仁官。

《永乐大典》参修包彝古

包昶，字彝古，号兰雪，贡生出身，以字行，所以人称包彝古。他先在楚王府做纪善。所谓"纪善"，是明代亲王的属官名，掌讲授之职，正八品。

明永乐皇帝朱棣决定修一部集古代典籍于大成的类书《永乐大典》，包彝古被征召参与这个浩大的文化工程。

包彝古既是路桥人，少不了把家乡内容收集到《永乐大典》中。《永乐大典》卷之二千二百六十九《湖》中的首页，就载有路桥横街"天赐湖"的详尽内容。《永乐大典》竣事后，朝廷授包彝古为蕲水（今属湖北黄冈）知县。

永乐九年（1411），包彝古被人告发其在建文年间，曾经写过一封《进楚王书》，内中有称朱棣叛逆。包彝古被判发往边远地区充军，法司定地甘肃。

因其被当作建文党人而贬谪，包彝古反而名声大振，成为黄岩名人。

急公好义蔡庆映

蔡庆映，号恒庵，明代路桥邮亭人，德性宽厚，家境丰实。邻人或者亲戚只要有缓急之事来，求助于他，蔡庆映无不立即慷慨解囊。对于实在贫穷无力偿还债务者，他就把借条烧了，不让他们还债。黄岩县令十分敬佩蔡庆映急公好义的品格，把他当成大宾客对待，按例赐给他衣帛冠带作为表彰。蔡庆映娶王古直从女，住在三坑圣水寺旁，自谓"乐邱"。陈金都世良为之记，卒年九十六。

"一门天宠"李匡

李匡（1400—1465），字存翼，号肃斋，生于路桥南栅（《新河镇志》），再迁黄岩城西街，祖居长山（今长屿）。明宣德二年（1427）领浙江乡荐，登进士第，授太常博士。正统三年（1438）任江西按察御史。当时首辅杨士奇包庇纵容恶子杨稷横行乡里，犯法杀人，李匡微服出访，收集取证百余条罪行，于五年逮杨稷入京，廷议处死。不久，李匡升四川按察副使，平反数十件冤案。天顺六年（1462），北境告急，兵部尚书马昂奏保，匡以暮年带病奔赴国难，巡抚宣府，增修寨堡，收复被占之地，边境遂安宁三载。天顺八年还乡，有《抵家》诗："此身报国任驱使，老病荣归荷圣慈。蓟北天寒冰作柱，越南风暖柳垂丝。儒官儒服岂新鲜，某水某山仍旧时。一笑相逢浑似梦，栗薪瓜果动离思。"次年卒于家，终年六十六岁。帝赐"一门天宠"四字，族中曾建石坊于长屿街（今长屿小学前）。

长街文史

抗瘟英雄全俨

据《路桥志略》记载："邮亭庙曰中镇庙，以居两河之中，古名卷洞桥侧，祀全俨。"庙志传说中，元末明初，福建泉州的全俨家境贫寒，小时候一边帮父亲打鱼，一边刻苦读书，几经发奋，考取了功名。就在他北上就职途经路桥时，恰逢当地流行罕见瘟疫。熟谙医术的全俨不忍看到黎民遭灾的惨状，于是决定先留下来给百姓治病，再去赴任。

全俨领导新安百姓与瘟疫抗争，完全置个人安危于不顾，日夜辗转于病人与药铺之间，慷慨解囊为穷苦百姓抓药。所带钱财用尽之后，他又亲自翻山越岭去采药。一个又一个病人被全俨从死亡线上抢救回来，而他却因染病多日无暇医治猝然死去。

后来，明太祖朱元璋为了巩固基业，表彰"为民功臣者"，新安各界绅士名人纷纷联名上书，举荐全俨为"救民献身"的英雄，经知府巡抚审核，在邮亭建起中镇庙以纪念全俨。每年农历十二月二十四（全俨的寿诞），十里八村的老百姓都来焚香点烛，香火一直从庙门口烧到百米外的牌坊。

果敢义官刘致中

刘致中（1450—1523），字大本，路桥南栅人，刘璿子。尝郊游拾金百数，坐待失者而还。明成化十九年（1483）中举人第八名，二十年（1484）进士。开始受职江苏溧阳训导，成绩显著。不久母亲去世，回家服丧。

丧满改任河北祁州。任满经吏部考试，升福建建宁府通判。此前，建宁府属县秋粮征收银子，再召人买米入仓，经办人与吏勾结，每年仓库多买40多万石，浪费无偿。致中加以改革，不但

年终完成上缴任务，还把长期不用的粮食换成银子贮入仓库，军饷也能按时发放，每年积余粮 2 万余石。之后，御史派他去查福宁诸州县钱粮。他到浦城，查办了梁知县违法一事，附近的县吏受到震慑，不敢妄为。改任浔州同知。即逢父亲去世，奔归办丧。

丧满改任广州。阳山县民冯昌等数十家，长期受到江西流贼萧民中等攻劫，因此聚众数千逼城下索江西人，无论少长皆杀之以泄愤，官军畏缩不敢行动。刘致中单骑来到肇事人群中，对他们讲明已经造成的严重后果，说明如果马上停止肇事，则可以取得原谅保留活命。肇事群众感动，相率悄悄离去。增城强盗猖獗，参政、宪副皆推举致中，巡按顾虑致中有困难，小心进行试探。刘致中笑着说："此行除了我还会有谁呢？"立即赶赴增城，整顿武备，申明威令。强盗听到刘致中来了，马上解散了，地方老百姓得到安全。

正德元年（1506），任广州府通判，更加殚精竭力，纷繁事务应手而决。三年（1508）春，致中觐见皇帝回来，仍任广州府通判，一切措施以便民为本，严禁公差骚扰百姓，派遣事情一定要限期完办。监狱人满为患，以致病死者不少，于是除了死刑外，刘致中对其余人皆根据罪行大小重新定罪，轻罪者给予释放。城外至壕沟间空地久为居民所占，遇火灾即延烧入城，舆论认为应该全部拆毁这些房屋以杜绝火灾，城外的民众哗然惧怕。致中亲自去查看，发现是屋顶茅草容易引火造成，于是要求屋顶改成瓦片，百姓高兴地服从。

当时朝廷的大权在宦官刘瑾手里，刘瑾要求地方贡献财物，刘致中却不与，因此遭到多方刁难，刘致中有了辞官念头。不久，刘瑾被处死，知道内情的人以为致中快满九载，马上能够得到迁升，要求他再留少许时间，但是刘致中已经决定辞官了。

回家后杜门静养，足不入城，唯教子孙以耕读，以遗田及余俸帮助兄弟及孤侄。宗族丧不能葬者给予地，孤女不能嫁者助之资，

遣散侍妾年少者数人，给她们衣装。化钱梓刻谢铎《尊乡录》《逸老堂稿》《黄定轩集》。尤善于诗，有《止庵刍稿》。

勤学太守赵崇贤

赵崇贤，字彦达，号次山，祖籍路桥洪洋，后迁温岭大溪，明代广德太守。崇贤的父亲未庵，有一次祭拜洪洋祖墓，在十里长街石曲西池内捡拾到一块古砖，上面刻有铭文："若欲赵氏重整门台，直待金水人来。"成化辛卯年（1471）癸巳月，赵崇贤出生。奇的是，他的生日恰巧符合金水之谶，"神砖谶语"后来成为长街奇谈。

赵崇贤读书非常刻苦，明弘治五年（1492）领乡荐会试，弘治八年（1495）乙卯科登榜，授汀州府训导。历升六合知县、广德知州，后调道州。

有一件他晚年时发生的事，足以证明他刻苦求学的态度。赵崇贤的孙子赵大佑少年时夜读，因天寒怀炭少许，欲为烘足之用。被赵崇贤发现了，训斥他："你年少读书，当习勤苦，竟这么怕冷怕苦吗？比如霜天雪夜，朝臣清晨入朝，尚且也不免于寒苦。人生未老，你就坐享老人之福，这不是长寿的迹象；未得富贵，而享受已贵之福，则最终得不到富贵。"听了祖父的教训，赵大佑羞愧难当，把此话时刻记在心上，后来，官至大司寇。

清代学人史洁珵在《德育古鉴》为此事感叹："怀炭夜读，今缙绅家之良子弟也，而赵公乃斥其过享，前辈之家法如此！"

滑稽才子蔡荣名

蔡荣名（1559—?），字去疾，别号簸凡，路桥人（《民国黄岩县志》《台州地区志》、2002年版《黄岩志》）。中廪生后，诗文不合时宜，屡试不中，遂纵情诗酒。二十四岁挟诗文至太仓谒见刑部尚书王世贞，深受赏识，留饮累月。一日，豪饮数斗，醉坠弇山池中。王世贞抚掌大笑，即兴命题，蔡荣名一挥而成《玉环赋》，王世贞读后大加赞赏。辞别时，王世贞书"豪士堂"相赠，吴越文士皆知其名。中年之后，家道中落，诗酒之余，致力著述，五十岁结成诗集，题名为《芙蓉亭诗草》，从叔父进士蔡宗明等为其作序。另著有《蒙正注》。

蔡荣名生性诙谐幽默，朋友符应麟说他："或遇贤豪贵介，无所不狎侮，或与皂隶者把臂、樵牧者衔杯，或骋大言于瀛海，或留曲念于闺房，倏焉达生，忽焉叹老。"路桥及黄岩一带民间留下他许多逸闻传说，几乎无人不晓。清末王棻说："今乡里小儿传其佚事，类滑稽、傲俗、玩世不恭之所为。"渐渐地，路桥人几乎忘记了蔡荣名的真名，蔡荣名变成了路桥阿凡提"蔡缸爿"。

抗倭义士蔡德懋

蔡德懋，字遗立，路桥前蔡（邮亭）人。家有薄财。早在明嘉靖二十年（1541）和二十四年，黄岩和路桥两次遭受台风洪水袭击，粮食无收，饥荒严重，蔡德懋两次开仓放粮赈济灾民。当地的百姓十分感谢他，黄岩知县赠蔡"义士"匾，以表彰他的义举。

当时威震四方的戚家军还未组建，蔡德懋深知依靠官兵剿倭是不可靠的，便把当地的青年组织起来，保卫自己家园。他拿出自家钱财，购买刀枪棍棒，分发给他们。义军不拿报酬，平时亦

长街文史

兵亦农亦商，忙里劳动，闲时练兵，遇有紧急情况，鸣锣聚众，各人拿起武器到邮亭祠庙集中，听候调遣。

嘉靖三十一年（1552），倭贼大扰浙东。四月，一股倭寇自海门登陆，卫所明军溃散，倭寇屯栅浦，大肆抢掠。倭寇头目知道路桥是商业之地，十分富裕，从北向南一路过来，侵犯路桥。

蔡德懋得到情况，立即聚集义军，在十里长街北边布置防御，他叫人把东河段的桥板尽行撤去，只留河西的一座桥，伏兵于桥边。

倭寇果然中了埋伏，被杀得溃不成军，落荒而逃。而民众却穷追不舍。这一仗，义军杀死倭寇数十，擒获头目 8 名，只有少数倭寇逃得快，才溜回海门，民团大获全胜。礼部尚书黄绾在《慨安公六旬寿序》里记录："壬子岁，闽贼勾引倭寇，劫掠沿海，烽烟告急，翁预集兵防御。贼过其村，擒获酋党八人送县。"刑部尚书应大猷则写道："翁独能倡义率兵，斩获倭首，府县喜其功，檄之于守巡。"

倭患平后，黄岩知县傅倌到路桥慰问民众，台州知府马钟英在城隍庙立碑表彰，南京刑部右侍郎王宗沐（临海人）题词"慨安"，在邮亭宗祠边建福星亭。

"台州首富"蔡克谨

蔡克谨，字君实，路桥邮亭人，蔡庆映裔孙，清代顺治年间十里长街巨贾，志书上说他"富甲一郡"，其家产遍及临海、天台、黄岩、太平。但蔡克谨虽为巨富，却富不忘本，为人慷慨温恭，在家乡以"孝友"著称。清顺治三年（1646），台州遭遇大灾，蔡克谨拿出自家粮食施粥赈济，救活了许许多多饥肠辘辘的灾民。他还曾经捐资修葺东岳庙、广福寺，知县赵晒对他进行了嘉奖。蔡克谨过世后，侍郎冯甦为他写墓志铭。

地理学者李诚

李诚（1778—1844），字师林，号静轩，石曲人。少年时师从泽库戚学标，后回路桥翼文书院学习，受到前来视察的浙江学政阮元、刘凤诰的赏识。清嘉庆四年（1799）被刘凤诰推荐入杭州"诂经精舍"，参与校勘《十三经》。十八年（1813）考上二等拔贡，分发云南，候补直隶。二十四年（1819）任云南昭通府鲁甸通判。

清道光元年(1821)，李诚母亲去世，回家服丧。丧满回到云南，第二年署新平知县。新平地处万山中，盗贼出没无常。李诚到任后，勤断案、严缉捕，盗皆逃散，民间的诉讼事也不再发生。当地多山，不利于种植桑树，无法养蚕，李诚带人到贵州学习，回来就引种贵州橡树，培育橡蚕（柞蚕）。六年（1826）修理"桂香书院"，置设田亩增加书院开支。并把过去的好官放入名宦祠，把忠义的人放入忠义孝友节孝祠，以资人们学习。新平的民众感谢他的德政，把他立生祀于文昌宫。李诚还在公事余暇，编纂《新平县志》8 卷，被刚到任的云贵总督阮元看作是云南省内的佳志。七年（1827）李诚父亲去世，他回家守丧，九年（1829），李诚在家修《李氏宗谱》20 卷。

道光十年（1830）四月，丧满回到云南，阮元把李诚调去分纂《云南通志》，担任总纂王崧的助手。后王崧以老病辞职，李诚继任总纂。十四年（1834）十月《云南通志》成，凡 220 卷（正文 219 卷）。李诚居通志馆 5 年，稿出其手者十之七八。《道光云南通志》是云南方志体例类目之集大成者。每类均注明资料征引出处，翔实可信。论者认为"滇省通志今存者十，此为最善之本。"(方国瑜《云南史料目录概说（二)》)。因此，以后纂修方志的体例类目多学习仿照此志。

道光十五年（1835）二月任顺宁知县。李诚修桥铺路，改建育贤、汇英、乐育书院，延师讲课，并撰训士规条，不时亲临讲学。任期不长，美政毕举，百姓感恩怀德。

道光十九年（1839），李诚辞职回乡，在石曲建了敦说楼，藏书数千卷，编有《敦说楼书目》4卷，为两浙藏书家之一。后敦说楼失火，藏书大部被焚。著作极丰，编有《十三经集解》260卷、《水道提纲补订》28卷，《万山纲目》60卷等，详细见本书"文献著作"编中"著作目录"。

《云南通志》付梓后，李诚向云贵总督阮元请求，不再任行政官员，留在云南通志馆。李诚以己之长，费时多年，编写两部山水巨著，第一部《水道提纲补订》28卷、第二部《万山纲目》60卷。

其中，《水道提纲补订》和《万山纲目》是研究我国清代山水地理的巨著。因为时代变迁，中国原有地理书如郦道元《水经注》等，已经不符合现有情况。李诚以渊博的地理知识对这些经典书籍进行考证辨析，提出自己的见解，更新了中国地理知识。

"悲情夫妇"蔡涛、王玉贞

蔡涛（1785—1837），原名人麟，字少海，路桥街上人，乾隆年间文人。幼时博学能文，读书"日课百页"，写诗作文一气呵成，志书上说他"天才隽逸"。兆桥西王贡生王培槐闻其名，赠书数万卷。蔡涛熟读内典通史，为台州秀才之冠，得到过浙江学使阮元、刘凤诰等大人物的赏识。但蔡涛秉性耿直，被人诬陷入狱，流放陕西。

蔡涛起程前，知归期无望，疾书为老母作寿文。从黄岩押解到马头山时，他的妻子王玉贞赶来送行，夫妻俩以诗文相识相爱，相别十分伤心。

蔡涛经过千里跋涉到了陕西，到接收部门交接对簿，主官让他写自述，他在堂下一口气拟就骈文数千言，详述冤情。该文传

至陕西巡抚，巡抚读之大惊，想不到流放之徒中竟有如此出众文辞者，就特别照顾他，让其在陕教书授徒为业。蓝田知县得知，延请蔡涛为其幕僚。正当蔡涛觉得日子有望时，却由于以前长期受到折磨，身体十分脆弱，一介江南老书生，哪受得了西北边陲的风沙，三年后便病重，躺在病榻之上，越发思念家乡的妻子，临死写了一首《寄妻》诗：

> 绿丝声里一灯留，别后时时梦小楼。
> 壮海云涛当昼永，空山风雨闭门秋。
> 归来宝剑无青眼，误入园扉竟白头。
> 明日不须向西哭，三年樽酒话秦州。

但他不知道自己充军后，其妻王玉贞由于伤心过度，不久生起病来，已经先于自己谢世。玉贞死前，自觉无望，也写下了《赠外绝笔》：

> 病势今如此，多应不得生。
> 梦闻前世事，诗订后身情。
> 九月鸳鸯牒，三生文字盟。
> 知君他日泪，有女渐盈盈。

不想夫妻情深，两地留诗，竟不得互观，只留待后人唏嘘感叹。蔡涛死后，县令葬他在蓝田南门外。蔡涛的悲剧，既有其性格使然，也是旧时代的牺牲品，一代神童，终没于黄沙之中。

蔡涛一生著有《天香楼诗存》《燃藜阁诗钞》《山海经汇编》《戍秦纪程集》，还为《泾阳县志》作序。后人评曰："黄岩古代诗家中，不可多得。"

长街文史

乡贤达人杨友声

杨友声（1824—1890），阜东子，号莺谷，廪膳生。以筹办团练选用，加五品衔。置义仓及义冢，乡有文达书院，请官分款以给膏火，清咸丰元年，劝募乡人建宾兴田四十亩以励学者。咸丰十一年秋，杨友声与蔡簏、王咏霓、王翰屏、蔡燕綦、徐梦丹等创立"月河吟社"。出巨资建临海白岩山二徐祠。立义塾，教其学僮。光绪五年（1879）选授寿昌训导，整理书院宾兴。光绪十三年（1887）岁凶，沿海苦涝，告官贷资，运粟平粜，吏杂伪银，置产偿之。光绪十五年（1889）筑海门澂海闸成，以时蓄泄，岁乃有秋。参与（咸丰至光绪）《黄岩县志》采访和协理工作。

云骑尉蔡捷三

蔡捷三（？—1858），字启圣，路桥后蔡人。清道光二十五年（1845）武进士，以（浙江提标右营）卫守备用，改授象山协千总，转抚标守备，以蓝翎升用游击。咸丰三年（1853），粤军扰江南，调赴镇江大营，累立战功，八年（1858）粤军入衢州，调防江山，三月朔遇于五里亭，与部下崔思林、马镇海等皆力战而死。恤赠云骑尉，世袭恩骑尉。

教谕名士蔡簏

蔡簏，字仲吹，一字竹孙，邮亭墙前人。工诗、古文，主讲东湖、广文、樊川各书院，从者多知名士。清咸丰十一年（1861）拔贡，是年秋，蔡簏与杨友声、王咏霓、王翰屏、蔡燕綦、徐梦丹等结为"月

河吟社"，月凡一集，拈题斗韵，刻有《月河吟草》。清同治六年（1867）举人，授教谕，未仕卒，年三十八。著有《写经堂文》一卷，骈文二卷，诗四卷，词一卷，善篆刻草隶，参与分纂《黄岩县志》（咸丰至光绪部分）。

御史杨晨

杨晨（1845—1922），友声子，字蓉初，号定孚。清光绪三年（1877）进士，殿试二甲第 8 名，为本科浙江首位，授翰林院庶吉士、国史馆协修。十年（1884），考取御史，同年开始编《三国会要》，立凡例。十一年（1885）任顺天乡试同考官，与王棻购《逊志斋集》，续刻《台州丛书》。其间在河北定兴县掌教河阳书院。十四年（1888）六月补山东道监察御史，转河南道监察御史，八月充顺天乡试监试官；此年杨晨从户部购得北京青厂官房为黄岩会馆。

十五年（1889），浙江大水，杨晨参与省籍京官联名上疏请赈济，清廷拨国库 10 万救济杭嘉湖。杨晨再上书《历陈台州疾苦情形疏》《为台州水灾请赈疏》等，得万金济灾，使台州灾民获得一点实惠；杨晨还拿出自家钱，在河西开济施粥，救济当地灾民。其间，杨晨还在北京筹建设立黄岩会馆，在上海设立台州公所，为台州士民去两地办事提供方便。十七年（1891）主讲路桥文达书院，捐助经史各书二千卷。

十九年（1893）补江南道御史掌四川道，节抄洋务始末。其奏疏有《富强本计疏》《请移民实边疏》《裕国计疏》《再陈军务疏》等，有些已采入光绪年间所编的《东华录》。二十年（1894）会试充监试官，八月擢工科给事中，此年发生中日甲午海战，清廷败绩，杨晨非常气愤，对人说："吾台襟山带海，交通阻滞，甬人始置轮

舟，雇用洋人司收纳，动遭苛待。"他暗下决心发展台州的航运事业，以对抗洋人压迫。二十一年（1895）充会试同考官，康有为、梁启超均与试，本县喻长霖得榜眼；旋授刑科掌印给事中。二十三年（1897）监顺天乡试。是年，母卒，杨晨辞官归里，遂不复出。

杨晨画像

二十四年（1898）三月，杨晨创办越东公司，集资购永宁轮。但受甬商阻挠，难以开航。杨晨越级赴省陈情，八月首航台甬线，后兼航台温线，开创台州航运事业。二十六年（1900）校刊其所著《三国会要》。二十七年（1901），在上海斜桥筹建台州公所，方便行旅。三十年（1905），添置永江轮。永江轮被福建船撞坏，用赔款再购永利轮，航行台沪线。民国三年十月，杨晨与葭沚黄崇威、临海屈映光、周继潒等发起赎回被天主教堂侵占已久的 200 余亩土地，外建轮埠码头，内辟成振市街。每遇饥荒，施粥施钱；资助 2000 多元修复十里长街。晚年筑鉴洋湖寄傲轩别墅，优游唱吟。路桥历史无志，1913 年，杨晨编《路桥志略》2 卷，石印出版，记载清代路桥资本主义萌芽情况、鸦片战争后洋货倾销、反教会斗争及辛亥革命在当地经过，都为台州府县志所不载。1922 年卒，终年七十八岁，遗命向四仁公所助捐田产。

杨晨著有《三国会要》22 卷、《三国志札记》1 卷、《定兴县志》26 卷、《临海县志（稿）》32 卷。宣统三年（1911）编刻《台州丛书后集》16 种。民国四年（1915），刊印《台州丛书己集》，收集《湖山集》等 4 种。

"月河祭酒"任重

任重（1876—1951），号心尹，路桥街后於人。清光绪二十九年癸卯科举人（1903），继入北京大学师范科毕业。奖给内阁中书，任广东临高知县、山西岢岚知事、浙江永康县县长。挂官归里后，购得二十四史一部，与同好者陈謇、张高恩、徐兆章、应祖耀、蔡恺、蔡燕萦、徐梦丹、杨绍翰等组织"月河诗钟社"，被推举为祭酒（社长）。

著有《黄岩方言考证》《河西钓叟诗文集》《尝胆集》等，对后学谆谆见教。

任重精于柳体，现存邮亭"福星桥"三字，黄岩九峰桃花潭亭柱上刻有"胜境九峰两文笔，仙源千古一桃花"联。

爱国华侨管震民

管震民（1880—1964），原名望潮，字线白，祖籍路桥长浦，后迁居路桥南栅头，毕业于北京京师大学堂博物科，奖给举人出身。1923 年冬赴仰光任缅甸华侨中学校长。1934 年在马来亚槟屿钟灵中学任国文科主任。由于日军发动侵华战争，管震民非常支持陈嘉庚的号召，鼓励钟灵中学华人师生返国参加抗日救亡运动，并积极组织南洋机工归国前短期培训班。日军占领槟城后，对钟灵中学师生展开疯狂报复，其子管亮工

1941 年马来亚槟城，好友徐悲鸿（后中）看望管震民（后右）时合影

因担任机工教师被日军毒刑致死。1964 年去世，马来亚政府首席部长登门吊丧，各大报纸均发表纪念文章。

辛亥义士蔡仲初

蔡仲初（1882 — 1951），曾用名蔡德彪，下洋殿后新屋人，蔡捷三之孙。经舅父李新斋（石曲人）推荐去宁波入伍清军。1911 年武昌起义，江浙沪清军倒戈响应辛亥革命，蔡仲初成了程德全总督手下的革命军一员。1913 年夏，孙中山发起讨伐袁世凯的"二次革命"，时任司务长的蔡仲初所属部队奉命由驻地南京北进，在江苏徐州遭遇张勋所部敌军，蔡仲初在激战中身负重伤，昏死三天三夜，后经抢救治疗逐渐康复，被授予"五等文虎章"。此后近 20 载，多半时间跟着他早年的老上司周凤岐，驻节杭嘉湖一带。由于严重枪伤的后遗症，蔡仲初在团以下的军职中徘徊。1934 年，蔡仲初接受女婿黄维将军的建议，向国军领得一笔退役重金后，退役回家，在松塘置地造屋。抗战中、后期，他响应中央政府号召，实行"二五减租"，得到当时重庆国民政府的通电表彰。1951 年死。

"中国第一号药师"於达望

於达望（1886 — 1956），路桥后於人，早年留学日本东京帝国大学。1912 年浙江医药专门学校成立，担任制药化学教师。第一次世界大战期间，参加协约国组织，任卫生学校教练官。1917 年在日本东京举行中华药学会（中国药学会前身）第三届年会，被推选为会长，编辑发行了《中华药学杂志》4 期。1929 年以后，

南京政府卫生团聘请为技正，与孟目的先生共同主编《中华药典》，于 1930 年问世，这是中国近代管理中西药品质量的第一部国家法典。此后仍回浙江医专教书。

於达望像

1937 年上海"八一三"抗战爆发，浙江医专被迫向后方转移，最后合并于英士大学医学院。1943 年中国药学会在重庆重新立案，举行第九届年会，被选为理事，并由他负责在福州筹建福州分会。抗战胜利后，随浙江医专迁回杭州，改称浙江医学院。1947 年被选为中国药学会理监事会成员。

1949 年 10 月新中国成立后，中央卫生部成立药典编纂委员会，被聘为编纂委员。於达望是我国现代药学界的先驱者和奠基人之一，中国第一号药师证执有者。主要著作有《制药化学》《国药提要》《药学名词命名原则》等。於达望教授培养了不少药学专门人才，著名的有中国科学院院士黄鸣龙、药理学家葛克全、天然药物化学家姜达衢等，为我国的药学事业作出了杰出贡献。

"爱国议长"杨绍翰

杨绍翰（1886 — 1952），字志屏，河西人，杨晨孙。清光绪三十四年（1908）毕业于浙江官立法政学堂讲习科。宣统元年（1909）三月创立路桥镇自治研究所，为全国第一个地方自治研究所。二年（1910）自治选举，被选为自治公所总董（相当于镇长）。辛亥革命军起，9 月 15 日杭州光复消息传到路桥，路桥管带多寿昏惰无能，绍翰恐其部下哗变，请前管带黄金贵重新掌握兵民，地方得安。民国元年（1912）一月，黄岩县议会成立，被选为议长。

三月，被任为财政科长，运米平粜。1937 年淞沪战争爆发，杨绍翰将自家在海门"振市公司"的两只轮船交给中国军队使用，使用不久全被日军飞机炸沉。

上海沦陷后，中国军队伤兵缺少药品，第三战区派杨绍翰带上金条和妻子儿女，一家四口到上海搞药。在"味精大王"吴芸初的帮助下，搞到大量药品，又在杜月笙的暗中安排下偷偷运出上海，运到中国军队手中，此事从 1938 年初一直做到 1942 年末，最后引起日军注意，匆匆离开上海。第三战区安排杨绍翰到天台三十二集团军前进司令部当中校军法官。1945 年 6 月 28 日，日军从福建向北撤退来到路桥，分兵抢掠，其中小股日兵向松塘而来，遭到杨绍翰带领民众伏击，抓获 2 人。1945 年抗战胜利后，调他去担任乐清县长，未赴。回到家里从事商业，收购台州络麻运到上海售卖，运回上海细棉纱供台州人织布用，促进台州织布业发展。

杨绍翰还增订了其祖父杨晨所著的《路桥志略》，对辛亥革命前后的路桥社会经济进行了翔实记录，为家乡文史作出贡献。

亦乐诗人谢士骏

谢士骏（1864-1944），路桥谢家里人，科举废除后，他文商并行，初为杨晨家的家庭教师，又在白枫桥文明学校当过老师，后经商，民国初任路桥镇自治会总董。1932 年，与任重等人创建月河诗钟社，著有《亦乐园诗草》和《亦乐园唱和集》等。他热心于公益事业，曾为消火会购置铜质枪式水箭。

谢士骏像

"廉洁中将"於达

於达（约 1893 — 1987），字平远，路桥街后於人，国民政府陆军中将。幼年入前所镇的法国天主堂小学读书，学习法文，与周炳琳同学。1917 年毕业于保定陆军军官学校步兵科第三期，与县人张国华、许康、严远照、毛恕可、毛静如、陈安宝、王阜轩、许植怀、王皓南等都是同期的同学，后转入陆军大学毕业。毕业后回到浙江任浙军第一师见习排长、连长，

於达像

驻地在上虞县五夫镇。1925 年 8 月浙奉战争中，於达是浙军第一师的连长。浙军攻打安徽固镇时，战斗十分激烈，一师官兵十分英勇，将敌军张宗昌部的前敌总指挥施从滨从铁甲列车上俘获，於达因军功擢升为营长。1927 年，於达参加国民革命军，任第一师新兵训练处处长，在上海主持招募及训练新兵。1932 年任第一师参谋长，协助胡宗南师长工作。不久，第一师扩编为第一军，胡宗南任军长，於达任参谋长。这两年，他多次住在郑州市陇海路 21 号张国华宅，指挥各团部队调往西北各省。1937 年全面抗战开始，参加淞沪抗战。抗战胜利后，1947年任国民政府国防部第一厅厅长（中将），主管典章制度和将官的铨叙（评定等级）。南京解放前夕迁往台湾后，奉命退休，住永和市民权路。於达以廉洁闻名，平时低调内敛，深恶非分之财，远扬廉政之风。虽居高官，路桥老家只有两椽两层木楼。1987 年，九十五岁的於达逝于台北。

长街文史

"垦荒模范" 王志千

王志千（1900 — 1940），名骥，字志千，路桥街王家人。山西大学毕业后任国民政府内政部科长，1935 年任豫党务特派员办事处秘书、代理书记长，调宣传科长。1938 年任河南省政府民政厅科长、秘书长兼视察主任。

1938 年 6 月，为了阻止侵华日军沿陇海线西进，中国军队在河南郑州花园口决开黄河大堤，形成了一个巨大的黄泛区。王志千向河南省政府和民政厅建议移民实边政策，设立垦荒区。民政厅厅长方策（字定中，黄岩人）任命他为河南省政府邓县垦荒办事处代处长。王志千到任后，亲自管理农林、水利、教育、文化、畜牧、警卫、卫生诸事，夜以继日，劳怨不辞，建屋 4000 幢，垦田 22000 余亩。流亡他乡的邓县灾民接踵回来耕种，垦区扩充至 12 万亩。新村鳞比，攘攘熙熙，难民欢腾四野，邓县垦荒区成为全国垦政的榜样。

1940 年 8 月 6 日，王志千由于辛劳致疾病逝于湖北省老河口市。向垦区移灵时，沿途百余里均有人焚香烧纸悲啼跪拜，哭拜者达万人之多。政府决定斋置 35 日，国共两党一致为他致哀。

停灵期间，致哀的政府部门有：国府行政院、内政部、中央赈济委员会、河南省政府、陕西省政府、江苏省政府、浙江省政府、安徽省政府、湖北省政府、第一战区司令长官部、第五战区司令长官部、黄河水利委员会，以及豫、陕、苏、浙、皖、鄂民政厅、赈济委员会、老河口市、豫西南各县府等。

个人有：国民政府主席林森，中共驻重庆代表团董必武，前第一战区司令长官程潜，时任第一战区司令长官卫立煌，第五战区司令长官李宗仁、参谋长王鸿韶，内政部部长洪兰友，司法行政部部长洪陆东，行政院赈济委员会委员长许世英、副委员长屈映光，行政院参事曹仲植，中共豫鄂边区委员会书记李先念，八

路军第四纵队司令员彭雪枫，中共河南省工作队组织委员、豫西六地委组织科长王正，河南省民政厅厅长方策，建设厅厅长龚浩，辛亥革命元老于右任、李烈钧、邓初民、喻育之，河南省赈务委员会主席常志箴，黄河水利委员会委员长孔祥榕，河南省政府委员齐性一（齐真如），中央政府监察委员刘莪青等。

河南省府特于垦区中心南门外西南部划地数十亩，营造陵园，修筑陵墓、神道、种植松柏，建造纪念堂，1940年建纪念碑楼，树立功德碑，碑文由第一战区司令长官兼河南省政府主席卫立煌撰文，中共河南省工作队组织委员王正书写，同时在垦荒办事处、办公厅前，竖立垦荒纪念碑，碑铭仍由卫立煌撰文，由中央监察委员刘莪青书写。

革命先驱林泗斋

林泗斋像

林泗斋（1892—1941），号牧夫，新桥田际人。1927年4月间加入国民党，任路桥区党部执行委员、工人部长，组织路桥药业店员工会，发动罢工，取得胜利。"4·12"后，任农民部农民协会（筹）负责人。五六月间，林泗斋加入共产党，9月，建立黄岩县第一个党支部，任书记。党支部建立以后，林泗斋发展路桥小木年毛巾厂职工于云亭、小商人蔡永芳、店员叶勉秀（叶竞业）入党。1928年2月，在林泗斋领导下，在路桥小木年毛巾厂成立中共路桥区委，由叶勉秀任书记，蔡永芳、於云亭、李普福、苏哲文为委员，下辖路桥、新桥一带20个支部。1928年5月，成立中共黄岩县委，为县委委员。6月，他利用国民党"二五减租"

条例，在东南乡发动减租斗争。后被捕关押宁波。1929 年末释放出狱，去上海与党中央取得联系，直接领导是陈赓。1930 年 4 月，林泗斋返回黄岩，适值台州召开六县干部会，推举他负责台州工作。5 月初，林泗斋至上海以牧也夫署名向中央写了一个综合报告。1931 年 2 月，台州中心县委负责人在向中央报告"台州工作计划"中提出要求，将参加上海某区工作的林泗斋调回台州工作。不久，中央特科负责人顾顺章被捕叛变，中央设在上海的秘密机关转移，陈赓也离开上海。林因联络点暴露返回故里，在田际小学任教，由于台州中心县委负责人被捕，林与上级党组织失去了联系。

1934 年春，任保全小学教务主任，秋，任茅畲小学校长，与教导主任金昌鉴、教师林竞华、林珂、陈庭槐等一道，奉行陶行知"生活即教育，社会即学校"主张，实行"做、学、教合一"，自编教材，设立"小邮局"，开辟小农场、小工场、小畜牧场、小印刷厂，组织学生会，办图书馆，编墙报和校刊。开办农村夜校，让高年级学生去上课。不少文章被上海《新儿童报》《儿童半月刊》采用。1936 年，学生牟曼丽获《新儿童报》举办的全国儿童作文比赛第 2 名。西安事变后，学校成立抗日救国会，捐募寒衣，宣传抗日。

1937 年 11 月，林泗斋和林尧等，联合进步的中小学教师和知识分子，在城内小梅梨巷成立黄岩文化界救亡协会。12 月，林重新与上级党组织接上关系，浙江临时工委宣传部部长张崇文重建台州及各县临时工委，林泗斋被指定为中共黄岩临时工委书记。1938 年 5 月，任黄岩县委书记，7 月任台州特委执行委员，年末任台州特委农运部长兼黄岩县委书记。其间建立茅小、浦洋、桐树坑支部，发展牟维源、章益坚、章学英等大批党员；控制县政府政工队和救亡室，成为抗日救亡阵地，动员工农知识分子参加抗日，动员护送党员、先进青年到闽浙边省委，皖南、四明山新四军培养抗日干部。至 1939 年 3 月，建立横街、头陀、乌岩、桐屿、城区 5 个区委，4 月召开首次党代会。国民党县党部书记长卢奇

琰等向省党部和保安处告密。林泗斋转入地下活动。不久调任天台县委书记。1940年2月，去皖南新四军16旅民运部工作，后丹阳任县委书记。1941年6月，患肺炎逝于宜兴县16旅医务所。

民族实业家郏道生、郏寿生

郏道生（1892—1969），字立本，马铺前洋郏人，就读于杭州杭垣纺织学校。辛亥革命后，毕业回家。先在大经织布厂负责技术工作，接着购置五六台纺织机办家庭作坊。1919年在路桥街河西头租屋购置一台针织机，编织卫生衣裤、手套等，与妻子管美云一起日夜轮流生产，积累了一些资金。1921年偕胞弟郏寿生于路桥街中桥创办了"普明织物厂"，增加织机到百余台。其时第一次世界大战刚结束，正值提倡国货发展民族工业之良机，由于他精通纺织印染技术，很快培养出一批得力助手及熟练工人，产品质量保证；同时实行计件工资，年终配发红利，工作效率高；同时还发展到厂外承包，把织布机分发到工人家中，使工人家务和生产两不误，劳资关系协调。此后，陆续增加织机至数百台，并开发新产品，如自由布、十字布、线呢、宽幅被单、提花织锦鞋面料、纱帐料、线毯、毛巾、不褪色印花产品等，以"福梅"牌为注册商标，广销省内外。1935年"福梅"牌产品参加全国工商博览会获得一等奖。抗战期间，沿海遭日军封锁，该厂就地取材，坚持生产，还利用脱脂羊毛和棉花混纺，制出一种灰色制服呢，深受用户欢迎。在全省同行业中普明厂产品堪称名牌，不仅对黄岩县手工业的发展有促进作用，而且对那些后起的大厂如临海的大方厂、温州的孚华厂都有过示范作用。

此外，郏道生还创办"大生农场"，种植良种桃、梨、板栗、杨梅等果树，还出资购买了数百头耕牛、奶牛，采取"包牛到户"、

长街文史

增殖对分的办法，很受农户的欢迎。参与兴办黄泽路椒汽车公司、温黄内河汽轮航运公司及浙江省垦殖公司、合胜钱庄、同昌绸布店、海门信孚药店、元化厂等等。1944 年为创办路桥中学捐助学田 63 亩。

郏道生走实业救国之路，对发展民族工业、繁荣地方经济作出了一定的贡献。抗战胜利后不久，其弟郏寿生去世，普明厂失去臂助，加之币值猛跌，所经营各业陷入困境，尤其是原计划将手工机改为动力机，障碍重重，难以实现。

郏道生兄弟俩关心公益，除捐助路桥中学学田外，还经常济贫赈灾，1949 年 1 月郏道生曾化名郏新民通过陈方清、方正、郏国森等向地下党中共椒南工委做过经济捐献。

1949 年后，经过土地改革与工商业改造，普明厂公私合营为地方国营路桥棉织厂。他并由暂居地上海市卢湾区发给人民代表大会的选民证。晚年回家从事饲养新种鸡和鹌鹑等家禽。1969 年 2 月在路桥病逝。

金融学家徐钧溪

徐钧溪（约 1895 — 1964），松塘人，民国知名经济学家。日本帝国大学经济学系毕业，曾任上海法科大学经济系主任，路桥中学第三任校长。编著有《货币论》《最新银行论》《银行概论》《实用银行薄记》等经济学著作，以及反日纪实作品《万宝山事件及朝鲜惨案》。

徐钧溪像

"首任区委书记"叶勉秀

叶勉秀（1901 — 1932），原名叶有年，别名叶竞业，黄岩县城区西街人。他幼年时因家境清贫，仅上过几年小学。15 岁时就到路桥十里长街一家布店当学徒。

叶勉秀像

1927 年，叶勉秀由林泗斋介绍加入中国共产党，在路桥、海门一带从事职工运动，发展党员多人。1928 年，在林泗斋等的指导下，中共路桥区委在三水泾口成立小木年毛巾厂，叶勉秀担任首任中共路桥区委书记，后来又任黄岩县委委员。他在路桥、乌岩一带筹建党的组织，并与县委其他同志领导和组织了打盐廒武装暴动。1929 年 8 月 24 日，在台州中心县委第三次会议上，叶勉秀被增补为中心县委委员，专门负责军委工作。1930 年 4 月，台州中心县委派他到温岭坞根游击队负责政治工作。7 月，游击队改编为红十三军第二团后，他担任团委委员。在第二团工作期间，叶勉秀还亲自到玉环楚门海山（毛蜒）发展党员多人，建立了党的组织。

1931 年 2 月 1 日，红十三军二团坞根游击大队大队长程顺昌与叶勉秀在大青岛召开干部会议，商定分水陆两路攻打海门。陆路方面，由程顺昌负责进攻海门；水路方面，由叶勉秀和赵延龄负责带领 14 名红军战士到温州劫夺"广济"号商轮，从海上进攻海门。后因事泄，叶勉秀被捕，被押送到杭州。1932 年 4 月，叶勉秀在浙江陆军监狱内刑场壮烈就义，时年三十一岁。

长街文史

书法家任政

任 政（1916 — 1999），字兰斋，路桥河西人，当代著名书法家。少时受叔祖任重启蒙书法教育，后定居上海50多年，是上海文史研究馆馆员，中国书协上海分会主席团成员、顾问，复旦大学国际文化交流学院艺术

任政在创作书法

顾问，上海外国语学院艺术顾问。擅各体，曾为邓小平题名的"淮海战役纪念碑"书写碑字；他的作品多次作为中国国家领导人赠送来华访问的美国、新加坡元首的礼品，日本首相田中、佐藤、太平、中曾根等都得到过他的手迹。有书法著作《楷书基础知识》《祖国的书法艺术》《书法教学》《隶书写法指南》《兰斋唐诗宋词行书帖》等10余种。

化工大王刘治雄

刘治雄（1909—1986），路桥镇人。十三岁（1911）进筠美小学，翌年毕业。十八岁（1925）考入杭州省立一中理组，连任班组长3年。二十一岁（1929）进上海光华大学（即现华东师范大学校址）化学系，二十五岁（1932）毕业，留沪任教。1936年末，中日间形势已十分紧张，原在日本留学的堂弟燕谷回国。刘治雄感到上海非久留之地，加上素有以实业救国之志，故在郏国森、解若冰、卢英逊三位同志的鼓励下，情愿抛弃上海优厚的待遇，回乡创建一利酿

造厂股份公司。采用科学新方法，以人工培养细菌发酵，做到优质高产、生产周期短、成本低、资金流转快等特点，一利厂很快发展起来，成为路桥明星企业。1941年一度离厂去湖南国立师范学院任教。翌年返，先后任路桥镇镇长和路桥商会会长等职，参与创建路桥中学，筹建镇菜市场、路桥书店，添置机动消防器材；并掩护地下党员郑国森的救亡工作。在解放前夕，又为黄岩的起义出力，如担任通信联络工作、缴枪等。1950年，再次去光华大学任教。1952年土改，在沪拘捕回黄入狱，判处有期徒刑7年。提前一年释放出狱后，刘治雄立即投入参加黄岩香料厂的建厂工作。"文化大革命"爆发，全家被下放农村。中共十一届三中全会后，纠正了错案，落实政策。他连续4次获得省科学大会奖，并被评为省劳动模范，然后推选担任黄岩县侨联二届委员、三届常委，县政协五届、六届常委，七届县人民代表。

刘治雄（左）指导其子刘鹏研发化工产品

抗日英烈刘望吾

刘望吾（1919－1943），路桥街人，出身于小商业家庭。1938年，参加黄岩县政治工作队，从事抗日救亡宣传。不久，日军炮舰侵入台州湾，刘望吾告别新婚妻子，于1939年1月去湖北宜都县曹家山考入第26集团军干训班，结业后全班考入中央陆军军官学校17期步科，编入第二总队，开赴四川铜梁县受训。1941年从军校毕业，在75军6师16团任排长，驻防鄂西前线。

刘望吾像

1943年，日军企图以宜昌为桥头堡，发动新的西侵攻势。5月中旬，日军新编加强联队在林本次郎大佐指挥下，绕道北攻兴山县，企图沿香溪袭取秭归和巴东。我军16团奉命堵击来犯之敌，团长朱元琮选择宜昌西北20多公里处天宝山为战场，此处由东西两翼延伸的十几个小山包构成的峡谷，是设伏围歼的好地方。战斗开始后，我军迅速占领了天宝山的各个制高点，形成包围之势，林本次郎命令突围，一股日军占领了通往宜昌的关庄包制高点。朱元琮团长认为控制关庄包制高点关系到此次战斗的胜败，命令刘望吾连必须于中午前攻占山头。刘望吾身先士卒，在火力掩护下，攻取了关庄包，并毙日军大尉1名，缴获轻重机枪各1挺，步枪20余支，电话机1台。不久，日军反扑上来，刘望吾鼓励士兵："我们必须打退敌人的进攻，必须守住山头！守住山头就是切断了敌人的退路，就能歼灭敌人！"士兵们齐声响应连长。战斗中，一颗子弹击中了其腰腹部，刘望吾壮烈牺牲。

天宝山战斗基本上消灭了日军一个加强联队。我军16团退到分乡场休整，为刘望吾及阵亡战士召开追悼会。集团军总司令周磊，75军军长柳际民，军参谋长林曦祥，六师师长沈澄年，师参谋主任卢颂台，军校同学牟宣炯、戴济堂、卢许卿、王焕鼎、余用和、王桂秀、俞培河等参加了追悼会。会议由朱元琮团长主持，军政治部主任林乃宾致悼词。刘望吾的棺木被送往分乡场墓地。

为了表彰刘望吾为国尽忠的精神，民国黄岩县政府特批准在路桥镇创设"望吾小学"（后改为德镇小学，为路桥实验小学前身），委派刘望吾的妻子翁素瑾为校长。

资深编辑郑曼

郑曼（1919 — 2009），路桥街人，资深编辑，著名诗人臧克家夫人。1938 年毕业于浙江省立台州中学附属简易师范。1942年赴重庆，曾在战时儿童保育会儿童疗养院工作。1949 年 5 月，入北平华北大学第三部文学创作研究室工作。先后在北京新华书店编辑部、出版总署编审局任办事员、科员，并参与了 1949 年 11 月创刊的《新华月报》初创期的工作。《新华月报》归人民出版社主办后，长期从事《新华月报》编辑和管理工作，历任《新华月报》编辑组代理组长、组长等职。1951 年 6 月加入中国民主同盟。1956 年 10 月加入中国共产党。1988 年 4 月，荣获"老出版工作者"称号。因肺癌于 2009 年 2 月 5 日上午在北京逝世，享年九十岁。郑曼全力支持臧克家的文学创作，为臧克家的创作提供坚实家庭后盾，成为文坛佳话。她热心公益事业，经常捐款捐物，长年资助贫困学生多名，并个人出资捐赠了一所希望小学。

郑曼与臧克家伉俪

宝树楼前分绣幕

——长街非遗采撷——

宝树楼前分绣幕 —— 长街非遗采撷

　　人口的集聚和商业的繁荣，给十里长街带来了丰富多彩的手工行当和民间艺人，这些拥有各种技艺的民间人士是十里长街最基础也最鲜活的生命，是长街的活力所系。在市井的繁华和喧嚣之下，那些根植于"下里巴人"吃饭本事的民间技艺也生根发芽了，几乎成为老街人物质和精神生活的全部，并融入老街深厚的文化沉淀中。

　　由于时代的变化，人们的生产技术不断更新，这些传统技艺已经慢慢失传，或者濒危。如今，它们就像一颗颗埋藏于沙砾中的珍珠，被路桥人小心地挖掘出来，在原有的基础上细细打磨，重新焕发了光彩，成为了宝贵的非物质文化遗产。

长街文史

章氏骨伤疗法

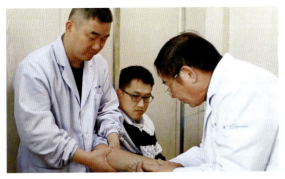

章氏骨伤疗法是我区唯一的国家级非物质文化遗产，分布于黄岩、路桥、温岭和临海等地，以章氏家族为祖传的正骨

章氏正骨技法

伤科医术。章氏骨伤科始创于清道光三年（1823），至今已历时近200年。在传承过程中形成了独特的治疗方法，其手法复位、杉树皮夹板的制作及外固定，中药内服、膏药和药膏外敷等治疗方法独树一帜，其继承的历史及其规模在国内亦属罕见。

章氏骨伤疗法源自少林寺，据《黄岩县志》记载，清道光三年(1823)，黄岩焦坑人章正传得少林僧人传授，习得骨伤治疗技艺。章正传谢世，其子章如奎继承父业，在焦坑村开设保春堂，悬壶济世，同时授徒传艺，使章氏骨伤疗法得到空前的发展。

章氏骨伤疗法已传承了七代。第三代传人章玉堂，发展总结出一套内外兼治的理、法、方、药，提高了疗效，对软组织损伤以祖传的中医药和针法麻醉相结合，施行伤科手术，让病人减轻痛苦，人称"正骨先生"；第五代传人章显法独创"万灵膏""八厘散""金创定痛散"等，外用内服均具特效。结合前辈的正骨手法中的摸、按、端、提、推、拿、按摩，总结了"正骨十法"即"手摸心会、拔伸牵引、旋转屈伸、端提挤按、摇摆触碰、夹挤分骨、折顶回旋、按摩推拿、挑拨复位、理筋手法"，重视整体观念，筋骨并重，达到了"法之所施，病人知痛骨已拢"的境界。章显法

融合西医骨科技术，使章氏骨伤疗法开始实现了从传统向现代科技的跃升。

　　二十世纪七十年代末，第六代传人章岩友率先在路桥医院开展骨科手术，并将家传老字号保春堂迁于十里长街，应用中西医结合治疗骨伤科诸病，成为台州当代骨伤科奠基人之一。第七代传人章允志博士与父亲共同创办了章氏骨伤科传习基地章氏骨伤医院，目前该院是国家二级甲等医院，在非手术中医治疗骨折、中西医结合治疗颈肩腰腿痛、断指再植、人工髋膝关节置换等多项骨科技术达到了国内先进水平，保春堂现为"浙江省老字号"。

路桥灰雕

　　路桥灰雕距今已有 800 余年历史，起源于宋朝，兴于明、清，乾隆年间尤为兴旺。

　　灰雕是用蛎灰作为材料加工而成的雕塑。当地的能工巧匠将

灰雕剪影

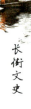

蜊灰（沿海居民盖房砌墙的材料）作为原料，结合就地取材的稻草筋、麻或竹，经混拌使之坚固，从而雕塑成型。灰雕多用在建筑物上，如房屋的屋脊、翘角、胡同角，凉亭的檐下以及桥梁回廊等。

在题材上多人物、动物、花草、山水、故事情节等形象的造型，也有极具现代形式感和构成感的抽象造型。路桥灰雕以素色为主，简而不媚。极尽丰富之能事的屋顶灰雕展示了路桥浓郁的地方特色和独特的人文内涵。

路桥的民宅为抗台风，一般都比较低矮，屋檐下装饰简朴单调，屋顶的灰雕却十分丰富。灰雕作品多样，人物大多以帝王将相、才子佳人为主，其内容主要反映忠孝节义，或取自古代文学作品中的故事情节。原有作品较为丰富，由于各种人为或自然的原因，现保留的精品不多，主要有：百鸽围台、三雄战吕布、鲤鱼跳龙门、十里长街百檐图等。屋顶挑角的灰雕大多以抽象化的火焰、海水、龙形、花卉、动物等形状为主，成为路桥老街建筑的独特标志。相比东部沿海地区，路桥灰雕在数量和题材内容上，都有很大的优势。一是多用于民居，而其他地区的屋檐装饰一般都用于庙宇、祠堂；二是题材和表现形式更为丰富，既有形象的题材，也有抽象的造型，极具现代感、形式美和构成感。

手工戏服

据《黄岩县志》载：唐宋时期，台州流行参军戏和台州词调。元明时期流行南戏海盐腔。明、清时期，路桥社会安定、文化活跃、戏曲活动频繁，给戏剧服装制作行业带来了生机，至清代已形成颇具地方特色的艺术风格，并从刺绣行业中分离出来，成为融画、刺、绣、制衣于一体的独立行业。在路桥十里长街的"廿五间"

一带形成了台州最大的戏剧服装行业的集散地。商行商店多达20余家，品种多达50余种，除供应台州各县市的民间职业剧团和专业团体外，还远销到昆山、苏州、无锡、温州、宁波等地。

戏剧服装采用中国工笔画形式，以民族工艺将传统的天地人理念和审美观表现得淋漓尽致。戏剧服装的刺绣则粗细并用，采用打子、平金、盘合、堆绫、订线等多种制作手法。戏剧服装配色鲜明协调，色彩分上五色，下五色；纹饰则有龙凤鸟兽十几种，每种又有多种表现形式。台州一带最具影响力的要数路桥十里长街的戏剧服装制作和路桥戏剧服装社。路桥原戏剧服装社建立于1956年，是在一化三改造的政策推动下由分散在街巷里弄家庭绣花的妇女走合作化道路组成的，现健在的有：罗冬娥（原戏剧服装社副社长，卖芝桥）、蔡金芳（良二村）、陈娇娥（丁岳里洋）、项香莲（树桥头）、蔡方琴（树桥头）、杨春梅（新大街），均七十岁以上。她们的服装质量上乘，从画工勾勒图案，到妇女线绣、盘金、上浆、裁剪及缝制戏衣等工艺都非常讲究，产品供不应求。

制作戏服凤冠

长街文史

路桥剪纸

路桥装饰剪纸是江南特有的典型代表之一，有其强烈的地方特色和浓厚的民间气息，体现出特有的秀气和灵气，突破传统，开拓创新，贴近生活。

路桥装饰剪纸的题材内容可分为戏曲故事、风俗人物、吉祥图案等，内

路桥剪纸

容大多表现国泰民安、大吉大利、万事如意、生活富裕、社会和谐，寄托人们对美好生活的追求。

路桥装饰剪纸在形式和表现手法上别具匠心，既吸收传统剪纸艺术的表现手法，又融入现代生活的发展变化理念；既具有北方剪纸"凝练概括、粗犷笨拙、单纯明快"的特征，又体现了"厚中见秀、玲珑剔透、含蓄华丽"的江南风格。具有强烈的装饰性，超越了实用性的局限，逐步提升为现代的装饰艺术。保安剪纸是道教活动中所使用的一种装饰性剪纸。路桥人在每年春耕前后某一个特定的日子，或碰到庙神寿日，往往请来一班道人做道场，祈祷地方（本保界）的平安祥和。其间道人除了诵经讲道外，还有剪贴挂签、演庙戏、扎佛灯、批保安符等多种节目，而这些都少不了保安剪纸。道士们用剪刀在白纸及红、黄、绿、黑、棕等各色彩纸上制作。白色剪纸为五额剪纸和八帐脚剪纸，主要挂于廊檐下；彩色剪纸为斗花的裙，式样也有四样之多，有上内裙、上外裙、下裙以及长幡等。

"保安"剪纸按题材可分为吉祥图案剪纸、生产生活剪纸、传说戏剧剪纸三类，从功能上分为额脚、斗花、榜花三类。

路桥圆木加工技艺

刨木桶

旧时民间嫁女儿，有所谓"十里红妆"之说，齐全的桶货是必备嫁妆之一，如米桶、脚桶、浴桶、倒汤桶、舀兜、扁桶、饭桶、茶盘、花篮等等。路桥圆木加工技艺即是指把杉木或柏木运用特色工艺制作成各种木制品的一种工艺。

路桥圆木手工艺人所做的桶货选材讲究，造型新颖大方，经久耐用，制作工艺细致精湛，漆画美观，常含美好寓意。一件优秀的圆木制品需要木匠、雕花匠、漆匠的共同劳动，但最基础最核心的技艺是木匠。木匠从备料、设计开始，历经选材、锯木、晾干、拼接、打粗坯、整细坯、雕花、彩绘、晾干等多道工序，直至制成形状各异、用途多样的木制品，各个环节都有一套独特的技艺。

十里长街河西街是圆木店的集中地，曾聚集着十几家店，且各有特色。规模最大的是"王合顺"圆木店，另外还有黄仙友、罗启顺及陈理玉等圆木匠工。

长街文史

白曲酒酿造技艺

北宋陆佃在《妙智寺碑记》中记载："……黄岩远邑也，以邻天台，其俗无贵贱大抵向佛，虽屠羊履猪、牛医马走、浆牧酒保、洴澼之家，亦望佛刹辄或迎其象且拜也。"其中"浆牧酒保"指的就是酒家，说明宋时路桥就有酒家。北宋陆佃在《妙智寺碑记》中记载："……黄岩远邑也，以邻天台，其俗无贵贱大抵向佛，虽屠羊履猪、牛医马走、浆牧酒保、洴澼之家，亦望佛刹辄或迎其象且拜也。"其中"浆牧酒保"指的就是酒家，说明北宋时路桥就有酒家，南宋之时，路桥还设有酒库。

古语：曲为酒之骨，曲为酒之魂，酒曲酿酒是中国酿酒的精华之作。《书经·说命》："若作酒醴，尔惟曲糵"，用曲酿酒是中国酿酒史上的传统技艺，更是中国酿酒的特色，酒曲和酿酒所体现的技艺，与中华文明一脉相承。

路桥白曲酒源自清朝御医杨世葆，现已传承七代，是台州传统酒曲的制作技艺，以家族古老配方，采用双边发酵的独特工艺，适合于黄酒、米酒、清酒等酿造。此曲使用米糠为原料，添加 60 多种中草药为辅料，用接曲母的办法，加适量的水制成曲粒，滚圆，在人工控制湿度、温度等条件下培养而成，在适当环境中大量繁殖酵糖类，生成酒的醇香，赋予酒独特的风味。白曲将中药入曲，经过发酵，融合中药精华，去掉了对人体

做酒曲

有毒有害的物质，保留了有益的成分，形成了白曲神奇的综合养生功能，赋予了白曲活血、益神、提气、助眠、提高免疫力等养生功效，并且改善了酒曲中微生物的种类和数量，能增加酒中的呈香呈味物质，提高酿酒质量。加上独特的酿造工艺，制曲配方充分体现了天人合一、和谐共生的思想，白曲和有益菌成分与酒融合为一体，其以平衡协调机体为主，经常适量饮用被人吸收后，使人体的各种器官阴阳谐调、和谐运行。

路桥布贴画

布贴画，又叫布堆画、布摞画、拨花，是一种古老的民间贴补工艺，历史久远，出现在商朝，发展在隋唐，繁盛于明清，广泛流传于民间。

自清代中叶以来，路桥就是台州绢布的主要生产集散地之一。勤劳节俭的路桥妇女们，将布料裁剪的边角碎片收集整理起来，称之为"布头碎"，加以重新利用，甚至在三八集市上形成了专门的"布头碎"交易场所。在路桥传统的手工小儿鞋、香囊、挂袋等产品中，随处都能看到布贴装饰的身影。

经过不断创新和发展，布贴画已经从产品装饰中独立出来，成为路桥独具魅力的手工艺品。它使用布料天然纹理和花纹，将工笔画用布贴的形式表现出来，所表现的内容，有古代仕女、戏剧人物、动物花卉和各种吉祥图案等。

布贴画具有独特的艺术特点。从表现形式上看，它是雕塑、绘画、刺绣三者的结合体，既是

长街文史

视觉艺术，也是触觉艺术，显示出自然的和谐、淳朴之美，从而达到一定的艺术境界。

镴器制作技艺

传统镴器

镴器制作是历史悠久的传统工艺。旧时路桥人嫁女儿，都会请一位技艺高超的打镴师傅，制作一套精美的镴器作为嫁妆。老人祝寿、祭祀祖先等传统礼仪，也都少不了镴器的身影。

打造一件镴器，会使用到刻刀、钻刀、铁锤、火钳等三十余种打镴工具，每种工具功能都不同。历经开模、熔镴、铸形、剪裁、打样、焊接、打磨、雕刻等十几道工序，每道工序都要精雕细琢，方可制成光亮如银的锡瓶、酒壶、蜡台、花瓶等器具……镴器样式可达几十种，每种造型、花样都不一样。有些大型镴器可达十几斤重，手工制作需数天才能完成。

路桥莲花

路桥莲花源于唐代佛曲"落花"，最早是僧侣募捐化缘时所唱的警世歌曲。南宋传入民间，为贫人乞食歌曲。明中叶成为说唱形式，清中期流入路桥，与当地方言、古老的乱弹戏腔调、道士戏糅合而形成。路桥莲花经历四个发展时期，即男班时期、女班

时期、男女班时期、新女班时期，至今已有200多年历史。

路桥莲花是由一人领唱、多人帮腔伴唱，各人手执盅、碟、雌雄鞭（洒尺）、霸王鞭、道情筒、莲花板、七姐妹和瘪鼓等击节而歌。早期演唱者为男性，十多人的阵营均为单数。领唱者叫"莲花头"，手执莲花板或七姐妹、瘪鼓击节。所谓莲花板即竹板，因其凸面如瓦也叫瓦板，又因左右手各执两块又叫四块瓦；七姐妹也叫节板，以七块小竹片用绳带串成；瘪鼓用大毛竹根部两节做成，以竹槌（类似扬琴）敲击，尤以其反弹而发的击鼓声，如"珍珠落盘"非常清脆动听。帮腔伴唱的称"莲花当"，人手一件乐器，有盅、碟、鸳鸯鞭（也叫雌雄鞭、洒尺）、霸王鞭（也叫长洒尺、莲厢）、道情滚（即渔鼓）等。

路桥莲花用方言进行演唱，多为迎神赛会时受邀演出。演出时，莲花头在前面倒行，莲花当站立两直排或变"八"字形紧跟。后发展为女性演唱，或男女合演，以走唱（边歌边舞）为主，也有坐唱、站唱的形式。演员身穿专门设计的民族服装，民族乐器（七姐妹、莲花板、盅、碟、鸳鸯鞭、霸王鞭、道情滚、瘪鼓等）伴奏，用普通话或台州官话（书面语）演唱。唱腔属曲牌体，基本曲调有游头、软腔、硬腔、回调等，后发展了新游头、新软腔、新硬腔、新回调、反游头、数板调、苦调等新的调式。可单曲成篇，或连缀成套。

路桥莲花表演

唱词常用民歌手法，以"花"起兴，多七字句（二、二、三句式），一般四句一节，一至二节成篇，最长的十来节，押韵合辙，篇幅短小。

路桥莲花曲目众多，分为传统曲目和现代曲目。传统曲调和曲目有游头《千年修炼白蛇妖》《滴水庵前赛牡丹》，软腔《隋炀帝看龙灯》，硬腔《正月梅花报春来》《自从出了林尚文》，回调《三国斩颜良文丑》，套曲《梁山伯与祝英台》，新编曲目则有《山区女兽医》《光辉的榜样》《欢歌一曲月团圆》等。

路桥鼓词

路桥鼓词源自南宋，成熟于明清。词调语言富有韵律感，词句辙韵要求十分严格，艺人要有赋、诗、词、曲、对的吟诵基本功，唱词讲究合辙押韵，音节和谐。在词句平仄上，通常以"平平仄仄仄平平，仄仄平平平仄仄"为韵。基本句式为七字句和十字句。为使唱词出口流畅，一般句末一节都用三个字结构。有时因演唱需要，在平仄或句式上亦偶有变格。其文体大都以韵文、道白相间而成。

鼓词的基本调，是一种叙事性的吟诵唱腔，其曲调、节奏和板式都比较简朴。鼓词演唱，通常是一人使用多种乐器，一人演唱多种角色，以说表叙事，以弹唱抒情，有着说唱音乐的明显特点。它运用边说边唱、夹叙夹议及器乐音响等表现手段，同时描述进场、出场、独白、对话、话外音等人物行动和故事情景。它不同于戏剧由演员扮演人物，而是靠艺人在说唱中现身，给听众以身临其境的感觉。叙事性唱腔的音乐语气、词琴弹奏和鼓词节拍的交替出现，使其显得抑扬顿挫，变化有致，旋律音调透着醇厚而古朴的韵味。

鼓词按其演唱形式划分，大致分两种：一种叫"小词调"（也称平词），另一种叫"大词调"（俗称"娘娘词"）。前者词本故事性强，情节曲折离奇，用腔委婉抒情、坦朗舒展，曲调优美动听且富有变化，常被邀进家宅、庭园、晒场或曲艺场所演唱，是常用的一种演唱形式；后者较为单一，变化不大，但曲调高昂、粗犷，气势雄浑，大多在神庙中菩萨寿日、开光、还愿等法事场合所用。开场演唱，通常先以琴鼓闹台，在说唱正本前，往往先念诵小段诗词，或唱一段"散曲"，即折目；或说带唱一则谦恭客套一类好话的"词头"，通称"定场词"，接着演唱正本词。

鼓词曲目大多根据历史小说、民间传说、武侠章回小说改编，词目繁多，题材广泛，内容大致可分演义、公案、武侠、神话、言情及怪异等种类，其中以家庭的悲欢离合和男女婚姻爱情居多。

路桥花鼓

路桥花鼓是一种民间歌舞艺术，起源于元末明初。当时黄岩、路桥、温岭一带近十万人被迫迁至安徽濠上（濠州凤阳）屯垦。因思乡心切，移民们不顾禁令，乔装成打凤阳花鼓者沿途卖唱糊口，回乡扫墓祭祖。此后，花鼓这一艺术被路桥人纷纷效仿，立足生根，同时还分出"螺洋花鼓"和"下梁花鼓"两大分支，成为富有台州地方特色的民间曲艺品种。

俗话说："打花鼓，混条肚"，传统花鼓大多是沿街卖艺，或是串乡走户演唱，一般只唱小段，不唱长篇曲目，以边歌边舞的形式演出，有队形变换的造型。下梁花鼓、螺洋花鼓的配器只有一把二胡，后来发展到伴以鼓板、二胡、笛子、三弦、木鱼、碰

钟等民间乐器，使音乐更加优美动听。花鼓采用过去流行在浙江一带的民间小调，如《小彭嫂》《节节花》《泗州调》《鲜花调》《卖花线》《五更送郎》和《花鼓调》等，曲调词意比较朴实。

方礼改编"凤阳花鼓"

相传明初，路桥起义军领袖方国珍归降明朝后，旧部被明太祖朱元璋下令移至安徽屯田。方氏旧部到了安徽濠州，开始过起屯田生活。濠州原是朱元璋的故乡，自他当上皇帝之后，就把濠州改为凤阳。此前

路桥花鼓表演

安徽连年遭战争破坏，人口稀少，十分萧条，把各路义军旧部迁来安徽，一来是防止这些义军旧部利用原当地影响造反，二来也确有重新建设中原的计划。但前此农田荒废、水利不修，生活条件十分恶劣，与富饶的浙东相比，真是天壤之别。方氏旧部身居异乡，时有牢骚发泄。恰濠州当地原有"花鼓"调，浙江人去后也学了起来。大家唱道：

家住濠州在凤阳，凤阳原是好地方，三年水涝三年旱，十年倒有九年荒。

咚咚咚咚呛，咚咚咚咚呛……

方行同样心怀不满，听到这种花鼓调，正合口味，于是毫不犹豫，拿起笔来，记下了花鼓调，且把它改成：

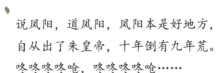

说凤阳，道凤阳，凤阳本是好地方，

自从出了朱皇帝，十年倒有九年荒。

咚咚咚咚呛，咚咚咚咚呛……

方行把修改过的《凤阳花鼓》词，重新教唱，很快流行开了，甚至传到朱元璋耳朵里。朱元璋大怒，下令追究编写的人。有人告发是方行编的，方行却说原来就有的，与自己无关。朱元璋也不管它真假，方行再次被谪发至云南卫所。幸是云南卫的指挥使徐虔是明州（朱元璋已把庆元改为明州）人，得知方行原在明府为官，算认半个老乡，委任千户。方行约在洪武十八年（1385）卒于戍所。

后来凤阳发生灾荒，这些方家士兵及其后代，就乔装打花鼓沿途卖唱，回到路桥重建家园。他们唱着："说凤阳，道凤阳，凤阳本是好地方，自从出了朱皇帝，十年倒有九年荒。大户人家改行业，小户人家卖儿郎，我家没有儿郎卖，身背花鼓走街坊。"后来路桥一带传唱的人越来越多，形成了"路桥花鼓"，世代相传。

路桥道情

路桥道情是一种说唱形式的民间曲艺，年代悠久，遍及城乡，深受群众喜爱。演唱者一手抱用板油皮蒙着一头的竹筒，一手拿竹板，边击边唱。

路桥唱道情的形成时间，据传承人阮孟奎、葛学友师父王克富所言是在明末清初。明朝末代皇帝崇祯吊死在景山，李闯王进京后，世道很乱。这时，路桥一带就有人以唱道情为生流落到上海、杭州一带。此后，唱道情也就在路桥地区流行起来。

道情的鼎盛时期为清代，因其演出简单、表演活泼、内容生动，深受群众喜爱。每当春节、农闲时节或夏季乘凉时，常见道

长街文史

民间道情艺人

情艺人在院子里演唱整本戏曲，而走街串户的道情则只是唱油头、唱吉利、唱春夏秋冬四季平安等。

道情表演不受场地限制，在服饰穿着上也极随意。表演形式一般以自敲自唱居多，表演时以唱为主，并根据剧情需要适当穿插对白，以烘托气氛和效果。也有一人主唱、一人伴唱的形式。道情的唱腔音乐属于板腔体，统一中有变化，变化中又有统一，用较少的材料，通过多种变化，来表现丰富而复杂的内容。

道情的道具为道情筒和简板。表演时，艺人左臂抱筒在怀，用左手三指敲击鼓膜，配合简板，击节为拍，自唱自伴。若两人演唱，帮腔者要把右手拿的"五齿板"，在左手握的"三寸板"上敲打节拍，以配合主唱者的表演节奏。

道情有自身独特的表现形式，一般有三种形象：第一等是头戴礼帽，身穿长衫，被人安排登台坐唱；第二等是手拿畚斗，肩背道情筒，开门求唱，坐在堂前下；第三等是不注重服装，前挂竹滚，后挂袋，挨家挨户门前唱。

路桥道情曲目大多根据民间传说、历史演义故事改编。涉及的内容有：贤臣良将精忠报国，如《岳飞传》《薛仁贵征东》《薛丁山征西》等；英雄豪杰行侠仗义，如《瓦岗山》《大五义》《小五义》《王金满》等；高僧神道除魔收妖，如《陈十四》等；清官断案执法如山，如《狸猫换太子》《包公斩陈世美》《王青天三审黑风洞》等；痴情男女悲欢离合，如《珍珠塔》《高郎织绸绫》《施义逃走》《三缘会》《四季相思》《孟姜女》等；褒贬世俗劝人向善，如《懒烂查某歌》《入赘团婿歌》《十劝歌》《赌博害死人》等。道情通过谈天说地，道古喻今，把崇尚真善美、鞭挞假恶丑的主题演绎得酣畅淋漓。在交通阻塞、信息封闭、群众业余文化生活枯燥的年代，较好地起到了寓教于乐的效果。

道士戏

　　路桥道士戏是一种在道场斋醮仪式中表演的艺术形式，历史悠久，融唱、念、做、舞于一体，技艺大体上分为"剪""吹""拉""唱""敲""画""弹""写"八个方面，风格清幽、典雅、稳重，包括声乐和器乐两大部分。声乐部分主要将经文配上曲调进行演唱的诵经音乐(经韵)，称为韵腔。声乐有"赞""颂""步虚""引""偈"等格式，还有"阴调""阳调"两种属性的区分。根据在法事科仪中的不同用途，还有讽经腔、念经腔、诵诰腔和

长街文史

咏唱式韵腔等不同类别的腔调。演唱时的伴奏，称为"曲牌"或"牌子"。器乐部分以吹管乐器和打击乐器为主，后者主要有铛、镲、木鱼、铃、鼓、铙、钹等。根据宫观情况，有时二胡、琵琶、阮、古筝、三弦等乐器也被用于伴奏。

唱宝卷

唱宝卷

唱宝卷，又称"讲宝卷"（讲卷所据的曲本称"宝卷"），曾广泛流行城乡。

讲卷与宗教信仰有关。天台山隋代智者大师创佛教天台宗，国清、高明、华顶、方广等寺名扬海内外，民间的宗教信仰也很普遍。讲卷艺人往往在农闲道士戏时被邀请到家宣讲，更多的讲卷艺人则在庙会中宣讲。听众以老年人居多。

宝卷在路桥的流传，应在宋代以后。清代和民国时期盛行唱宝卷，解放初期，路桥有葛学友、陈吉友、张二头等人唱宝卷。他们大多自有职业，唱卷艺人都是业余的，有佛事活动时，他们参与念经、唱卷，通常称为"护师"。由于宝卷曲调简单，传奇性强，易记易背，许多佛教信徒都能唱一两本。路桥的宝卷音乐则受越剧影响，越剧味很浓。

讲卷道具以木鱼为主，伴以小鼓、钹和小锣，随着宣唱曲调敲击。宣唱的句式有二、二、三组成的七字句和三、三、四组成的十字句，各有一种曲调，讲卷人在唱完二句组成的在编曲调后，听众即以"南无阿弥陀佛"的佛号进行接腔，称"接佛"，如此循

环反复。

讲卷所用的曲本（宝卷）内容多为宣扬佛教功德因果报应，如《妙英卷》《十二圆觉》《梁皇宝卷》等；也有宣扬忠孝道德，劝人为善的，如《洛阳桥卷》《花名宝卷》等；亦有戏曲故事、历史故事如《董永卷》《包公卷》《梁祝卷》等。

路桥讲书

路桥十里长街，店铺万家，商贾云集，市井繁华。随着市民阶层的日益扩大，路桥讲书应运而生。

清末，路桥有两家地下烟馆，外来客商闲暇时常去光顾，烟馆闲客闲得无聊，常请些举人、秀才来讲稗官野史，借此打发时光。应邀的文人书生意气，不讲正史，专讲《平山冷燕》《缀白裘》《西厢记》《果报录》等较有怀才不遇之感的题材，博得听者同情，奉送"书金"。其时，评讲者不用任何道具，凭文才和口才，徒手讲演，收入较丰，形成了最初的路桥讲书。后来的讲书艺人，大多以城镇茶楼为场所，以一块响木、一把纸扇和一条手帕为道具，以讲章回小说为主，也穿插一些民间故事和笑话，每次讲两至三小时。

由于讲书可以获利，德镇人赵子成在牌前东岳庙和三桥雄镇庙前设台评讲《岳传》《杨家将》《江湖奇侠传》等历史小说及武侠小说。路桥讲书开始由烟馆内转向露天，渐为市井街坊小市民及手艺人所赏识。

受赵子成讲书的影响，路桥田洋王人刘云初、王舌耕亦相继登台献艺。刘喜欢讲《三国》《列国》《西汉》。王舌耕出身为手艺人，但生性聪明，文、武书都能评讲，《今古奇观》《七侠五义》《济公传》《三侠剑》《江湖奇侠传》等是他常演的节目。他中气充足，能突出喜怒哀乐，加上一些小动作，增添气氛。

路桥评书表演

1928 年路桥卖芝桥脚开有一家"三瓦园"茶店，老板姓解。楼上设"花牌""麻将"，供人赌博娱乐；楼下设书场，可容 100 左右听客。茶店分早、中、晚三次卖茶，夜间有评书艺人刘云初、赵子仁、王舌耕轮流登台评讲，书场夜夜爆满。

新中国成立以后，路桥又涌现出蔡启平、陈铭松、郦竹轩、王道良、钟甫庭、李志衡等一批讲书艺人。蔡启平、陈铭松文学底子深厚，郦竹轩、王道良口齿伶俐，钟甫庭、李志衡业务认真，他们各所擅长，各领风骚，而且各有市场。

目前，路桥讲书艺人中，较有影响者要数蔡啸（原路桥区路南街道文化站干部）。蔡啸的路桥讲书自成一家，积累了不少书目，有《说唐全传》《金台平阳传》《水浒传》《封神榜》等 50 多种。蔡啸在讲书中会使用一些道具，如醒木、扇子和手绢等。但随着一批老讲书艺人先后作古，路桥讲书传承人越发稀少，路桥讲书也逐渐成为一种需要及时抢救的民间艺术。

路桥乱弹

乱弹起源于明末清初，舞台语言以中原语音结合"台州官话"，吴语乡韵，独具特色。曲调则有慢乱弹、紧中慢、上字、和元等，

兼唱昆曲、高腔、徽戏、词调、滩簧等，唱腔或温婉或激扬，动人心腑。民国初年是台州乱弹的鼎盛时期，有 28 个乱弹戏班在台州、温州、宁波等地演出，影响很大。

辛亥革命以后，路桥出现了一个"坐弹班"，团长余宝玉，是黄岩乱弹的前身。1953 年，团长余宝玉到杭州向省文化厅批来"黄岩新方剧团"，就是乱弹剧团。当时，活跃在路桥一带的业余剧团有：中桥剧团、新里剧团、田兴剧团、松新剧团、洪叶剧团和"南栅剧团"。以上业余剧团到 1956 年后合并成立了"路桥中心剧团"，由毛礼祥担任团长。主要演职员有：主胡王志福，鼓板绍小梅，大锣叶祥初，琵琶绍彩香，小旦王杏芬（号小白兔），小生包彩霞，武旦林华招，小旦陈中美，大花脸孔竹玲，老生陈秀贞，小花脸谢荷招。

服装道具由路桥镇出资备办。演出地点是台州六县，一共演出了十六年。演出剧目主要有：《借红灯》《龙凤锁》《梁山伯与祝英台》《孟丽君》《狸猫换太子》《泪洒相思地》《日月雌雄杯》《桃花林雪娘》《莲花女》《白兔记》《赵五娘卖发》《三官堂斩陈世美》《杀子报》《血手印》等。

乱弹表演

路桥顺口溜

"顺口溜"是不配乐的快书，是采用方言土语和时新妙语警句运用说、噱的功夫，把内容说得淋漓尽致，使听者耳目一新。它表演的手法和山东的"快书""钹子书"同出一辙，与"快板""绕口令"属异曲同工。

路桥"顺口溜"表演

"顺口溜"的创作特别注重韵味，有韵才能顺溜。故短段力求一韵到底，长篇则可随情节而转韵。并讲究轻、重、缓、慢、喜、怒、哀、乐，演出时再略配动作，把情节推向高潮，说到诙谐滑稽之处，令人荡气回肠，回味无穷。

路桥"顺口溜"起源于清乾隆年间。因康、乾盛世百废俱兴，民间的嫁娶、庙会、集市、舞龙、舞狮等民俗活动，相继兴起，需要用文化的内容去丰富和发展。因而产生了"洞房经""卖水果""卖笼担""卖白糖""卖膏药""盗度娘""扫地佬""送元宝"等形式的顺口溜。

1962年，台州乱弹剧团曾将一段顺口溜安排在该剧《拾儿记》中由丑角在"送夜市"场面中道出，收到很好效果。这段顺口溜由老文艺工作者甫秋先生创作，词语流畅加上惟妙惟肖的演出，观众为之捧腹。章老还创作了《老桃花》《老牌位》等通俗易懂的顺口溜。下梁张日美、路桥蔡啸亦自编自演了《新旧路桥》和《路桥巨变》二篇顺口溜，用对比的手法讴歌改革开放以后家乡所起的翻天覆地的变化。

"顺口溜"有方言可亲和声声入耳，及随地可演的特点和优势，在目前载歌载舞、群芳争艳的文艺演出中仍有一席之地。

此间风物最宜人

——长街民俗风情——

此间风物最宜人——长街民俗风情

"历世相沿谓之风，群居相染谓之俗"，一个时代有个一时代的风俗，既延承于旧时，又革新于当代。十里长街市井繁华，百姓聚居，自古多俗。一年之中，凡岁时节俗就达十数个，加上各类宗教和传说节俗，计有三十多个民俗日。这些具有地方特色的民俗既反映了路桥百姓对自然节令的重视，也承载着路桥人向往美好生活的愿景，更是历代路桥人守望相助的精神载体。虽然在时代变迁中，许多民俗已经自然消失或淡化，但当我们回首岁月，那些昨日的风情影像，似乎仍历历在目，它们是如此隽永美丽，将成为长街人永恒的记忆。

岁时节令习俗

正月

春节 农历正月初一，俗称大年初一，是岁时习

长街文史

俗中最隆重的节日。农历十二月三十（小月二十九）子夜一过，新的一年到来，这时被称为"岁之元，月之元，时之元"，各家各户立即开门燃放爆竹，俗称"开门炮"，又称"开春"，表示"开门大吉"。之后便点烛焚香，用水果糕点祭祀天地祖先。

早晨小孩起床，穿新衣，戴角黍（或称"香料袋"，小角黍形，里面填以香料，单个或成串），第一件事在父母的带领下向祖辈跪拜，称"拜岁"，祖辈给以"拜岁钱"（也有在春节前给的，在这天起封）。

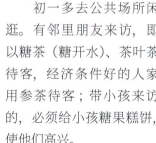

春节长街

早餐吃甜食，寓意开年就甜，一年甜到底；也有吃米面的，米面丝长，寓意长命百岁。

初一多去公共场所闲逛。有邻里朋友来访，即以糖茶（糖开水）、茶叶茶待客，经济条件好的人家用参茶待客；带小孩来访的，必须给小孩糖果糕饼，使他们高兴。

初一不劳作，不扫地，不动刀杀生，不动针线，不骂人，不打小孩子。这一天，井水也禁止汲用。相传井神以一年为一天，大年初一就是她的清晨，井面是她理妆的镜子，搅动了，会惹她生气。

正月初二　习惯把初二这天定为"白日子"。凡上一年有丧事的人家，在这一天家里设灵座祭堂，迎接亲戚好友携带纸烛来拜祭，称为"接纸"。如果这天不设灵座的，必须于日前在巷口、路头、墙门等显眼的地方张贴"不设座，谢绝接纸"或"免送纸烛""勿接纸"等字条，并署上名，以示亲友。为避嫌，一般人这天不去

亲戚家做客。但外地来居的人并不遵循这一习惯。

正月初三（开年节）有丧事人家初三这天"落祭"，撤去灵座，上山"拜新坟"。不是新丧，晚辈也可在初二、初三两天去山上"点坟灯"。为防山林火灾，坟灯只是糊白纸的竹笼，并不真点灯。

路桥的民间风俗到宋代已基本定型，此后元、明、清各代，只是部分有所改变，有些礼仪习俗则渐趋繁琐，如路桥的"开年节"，一直流传至今。

路桥习俗，年初三开市，必先祭财神，"金锣爆竹，牲礼毕陈，以争先为利市，必早迎之"凌晨零时，路桥街已听到稀疏的鞭炮声，紧接着鞭炮声越来越响、越来越密，各商家摆起"魁头蹄"、米糕做的元宝、鱼、肉等，点香烛，供奉财神爷。供桌上除香烛、供品外，还要放一把刀，刀上撮点盐，谐音"现到手"。供奉财神，也称"开年节"。开年是新的一年开始之意，初一是全民休息的日子，人们都停止了工作，欢欢喜喜过新年，故推迟到初二夜里。路桥商人每年依旧在初二夜里接财神，却没有一家开店门做生意的。初三时，因为"三八集市"，已有小部分开始营业。至初八，大部分商家开店门。至正月十三，则全部开店门做生意。

正月初四 举行迎灶神仪式。一早备牲设醴，粘贴灶神（俗称灶司菩萨）纸画。

闹上八 正月初八这天最热闹，称闹上八。小孩在这天大放爆竹，农村集镇组织舞狮队，去大街小巷村庄人口密集的地方"滚狮子"，村居或富裕人家给予红包。信佛的妇女多去各寺庙烧香，祈求降福，俗称赶八寺、走八寺、游八寺。一到夜晚，爆竹声响彻通宵。过了初八，新年拜节活动算告一段落。

立 春 古俗官僚先一日簪花盛服迎于东郊。里俗扮故事，社夥以五谷掷土牛。清俗备牲醴祀太岁，折樟叶束炬焚之，谓之燂春，亦曰接春。

春节期间，或全家一道，或朋友成群，去南山寺、普泽寺、香严寺等寺庙游玩。或登人峰、莲花山、浪矶山。游人摩肩接踵，络绎不绝。有些街村、大村，会请戏班演戏，连续演好几夜。

元 宵　境内元宵节与浙东南大部分地方一样定在正月十四。何因，据说元末起义军领袖方国珍（今路桥区人）的母亲每逢朔、望都吃素斋，方国珍为了让他的母亲也能和家人一起享受节日的口福，就把元宵节从十五改在十四过了，其治下的宁波、舟山、台州、温州的百姓感恩方国珍保境安民政策，也纷纷将元宵提前一日在正月十四过。

元宵节的几天，各家及街市张灯燃爆竹，每神祠设花灯鳌山赛巧斗奇。妇女亦群行游玩数夜。正月十四日以肉菜和粉作羹，谓之绺糟羹。许多地方舞龙灯、滚狮子。龙灯以竹篾编成龙头、龙身、龙尾，糊上彩纸，龙身内点上灯，由十几个中青年人每人手持一节，前头还有一人手执龙珠，引龙起舞。在龙灯起动之前和中间休息时，会唱上一段龙灯调，称"唱龙灯"。滚狮子的规模要小一些，但锣鼓喧天，狮子翻滚，四周围着大人小孩，热闹程度不亚于舞龙灯。舞龙、滚狮子会在街面店家门前，或大宅内表演，给他们送去吉利；舞完滚罢之后，店家殷户会拿出钞票、年糕、麻糍之物送与舞龙滚狮人，以示感谢。

元宵节最佳在夜里，夜幕降临之后，境内各集镇家家户户门前均张灯结彩，小孩子则拉着、提着兔灯、羊灯、鱼灯、蝴蝶灯及其他花样的灯。大一点的孩子满街四处乱跑，小一点的孩子则由父母牵着、背着，出来看灯。

点间间亮　正月十五元宵节。是夜民间除了张灯结彩、放爆竹烟花外，家家户户还在房间暗处及庭院地上，点上一支支蜡烛，谓之"点间间亮"。此风俗流行在温岭、路桥、椒江一带。究其来源，相传戚继光在浙东沿海平倭，打得倭寇丧魂失胆，无处躲藏，就趁人不注意时，藏入人家的阴暗角落。戚将军要在元宵节肃清倭寇，就令民间在暗处点燃蜡烛，以利检查。倭寇消灭了，民众欢欣鼓舞，

邮亭庙会

为了纪念戚将军平倭的丰功伟绩，民间就保留在元宵节"点间间亮"的习俗，代代流传下来，至少有四百多年历史了。后来政府认为"点间间亮"容易发生火灾，二十世纪六十年代之后这风俗就取消了。

竹枝词：十里长街闹元宵

　　佳节元宵日乍斜，路桥十里起红霞。上慢白布三千丈，下挂花灯十万家。（白布慢）

　　一样糟羹绉不同，咸甜两味看乡风。红丝红枣浇头满，难道糟羹也挣红？（绉糟羹）

　　人趋势闹看灯忙，我爱清歌妙舞场。第一开台要好戏，八仙过海喜洋洋。（下洋殿做戏）

　　阿娘吩咐女儿听，街上看灯要小心。热闹场中多撞浪，须防脚肚捻乌青。（母亲嘱咐女儿）

长街文史

飞叉蟠杠复钻刀，本领黄沙狮子高。后脚跟同前脚跪，儿童拔尽尾巴毛。（滚狮子）

云灯万朵护飞龙，引路龙珠一盏红。滚得龙身蜿蜿动，居然出没万云中。（滚龙灯）

扮得鳌山人好玩，暗中活动有机关，光头背个光头走，定是尼姑落下去。（岳庙鳌山人）

十幅侯图簇崭新，封侯功绩十分真。图中都是明朝事，偏说朱公是宋人。（河西庙挂侯图）

引得文人学士来，书法名画一齐开。认清笔迹分真假，要算当时好秀才。（南栅庙挂字画）

游人挤得不通风，行到三桥暂息踪。忽见双龙正喷水，清凉竟在闹场中。（三桥庙置双龙）

轩水堂坳薄介舟，风光真个是杭州。亏他偌大邮亭庙，容得西湖在里头。（邮亭置闲湖船）

阮孔棠 整理

二 月

二月二　牛市设酒、肉、馒头等供地方土地，晚上则诸牛户以粗八碗会宴，牛行贩还做馒头方糕每人一双，送给上市的客户。

花朝节　二月十二日，古称花朝节，俗称百花娘子生日。少女祭拜百花娘子，谓可望百花娘子一样聪

花朝节

明、会绣百花。

三月

清明祭扫　清明节的时间在农历三月间、公历 4 月 5 日前后。古时路桥清明节除扫墓、踏青外，还有插柳枝、作诗、

遣香九娘（百足虫）等风俗。现已有植树节，就没有插柳这一项活动了。扫墓时，带领小孩子逛山，从山上采些柴爿花（小

青团

杜鹃花）枝杈放在墓上，或带回家。但境内人多山少，有的山已无柴爿花了，山边居民在入山路口出售其他花或塑料花给祭扫人，生意兴旺，能挣到不少节日钱。

祭扫时，人们在坟前摆上八碗（九碗）菜食，四周放上筷子酒盅，酾酒，点香行礼，燃烧纸烛。并在墓头抛撒海螺蛳，其意是希望上代人保佑下代人发（散）。酒过三巡，燃放鞭炮作为结束。由于山林绿化，禁止砍伐，树木旺盛，加上现在普遍使用煤气，山林落叶多多。燃放爆竹，容易造成火灾，因此开始禁止，其间政府会组织人员巡查。

坟墓从地下建到地上，越建越多，用公墓代替私墓，用小墓代替大墓，仍不能解决青山白化现象，有人提倡树葬。

清明还吃青团，是用从山野采来的艾草和米粉做成的饼。

三月二十八　男女老少赴东岳庙烧香，城镇男子争扮无常等鬼

怪，游行街市。此风俗不行已久。

四 月

四月初八 浴佛节。释迦牟尼生日，梁朝宗懔《荆楚岁时记》："四月八日，释氏下生之日，迦文成道之辰。"寺院用香水浴佛。民家采乌桐叶制青精饭，俗称"乌饭麻糍"。又称"牛生日"，不用以耕作。传说四月八日又是牛生日，牛户要到禹王庙供四保老爷，给牛也喂"乌饭麻糍"，牛不可被牛虻叮咬，在牛栏挂一把稻秆刷说是牛布帐，可辟蚊等。

立 夏 此时天气渐热，不少人感到困倦乏力，医学上叫作"疰夏"，需要补养身体，因称"挂夏"，习惯称"朱夏"。俗语云"掼犁掼耙，望个朱夏"，意为春耕辛苦后，需要进补食物。中午，烙面粉薄饼，内裹肉、

端午摊食饼

蛋丝、蟮丝、韭菜、豆腐干、豆芽、包心菜、米面等馅，卷成筒形，称作"食饼筒"，食之，俗谓"朱夏吚食饼，白白做世人"。男人好饮酒，亦谓"醉夏"。

五 月

端 午 农历五月初五。门悬蒲艾剑，或称菖蒲剑，饮菖蒲雄黄酒（雄黄酒有毒性，现已废止），女孩做角黍相馈赠，儿童戴朱书符篆，悬以彩丝。有些人家贴黄纸，书云"五月五日天中节，赤口白舌尽消灭"。用雄黄酒洒地，并涂小儿耳鼻，以防除蛇虫之毒。境内端午节与别处不同。这里不吃粽子，而吃"食饼"。

立夏往往并入端午合为一个节日。

五月十三 俗曰"关老爷"生日，少年争赴关庙，焚香结义，村佣各罢役，角力为戏。后禁。

六月

吃新米 农历六月初，早谷登场时，用新米做糕，祭祀天地、祖宗，祈求五谷丰登，六畜兴旺，人口平安。

六月六 晒衣裳书籍，父老或食鸡粥，时极阴，故以是补阳。俗称"抬浪娘生日"，有雷则潮，雨不能害。驱犬入河，谓之"狗浴日"。

七月

七夕 农历七月初七。是夕，妇女乞巧，采香花盛瓷盆中，用木盆接露水，名曰"牛女泪"，用以洗目，并采木槿叶，捣汁濯发涤梳具。今又称中国情人节。

中元 农历七月十五，亦称鬼节。备馔祭祖，礼佛设供，祠庙延僧诵经放焰口，临流放山灯、水灯、路灯，焚苎叶弃饭，以食阴鬼。

八月

中秋 宁波、舟山、台州、温州的中秋节为农历八月十六，与别处相差一天。相传元末占据庆元（宁波）、台州、温州的起义军首领方国珍的母亲虔诚信佛，每逢初一、十五吃素，方国珍为了使母亲能享受节日之欢，又不破戒，于是往后推迟一日过中秋节。浙东百姓感激方国珍保境安民，纷纷效仿，成为风俗。《康熙黄岩县志·风俗》曰："中秋，俗作十六，询之宁、处二郡亦然，以是日为方国珍生辰，相沿成习。"或说八月十六是方国珍夫人董氏生日。

长街文史

是夜妇女守见月华，是月山气多阴，有"八月乌"之语。

九月

重阳 农历九月初九，或称"老人节"，登高、赏菊、饮菊花酒或茱萸酒。以糯米粉和糖作糕，谓之"重阳糕"。

九月十三 俗传钉靴神生日。

雾起人峰山

十月

孟冬 冬季的第一个月，农历十月，举行乡饮酒。此风从宋高宗绍兴十四年诏州县岁习乡饮酒开始。明代洪武间在孟冬之朔，官行于学宫，士庶行于各乡，其学宫行礼以知县为主，择本处致仕官年爵高者为僎，以乡人年高有德者为宾，其次介友，次为众宾，又选有德者为司正。清代乡饮酒礼两次，准开销银两五钱。

十一月

冬至 祭祖。旧时各姓宗祠中，大规模设祭，杀猪宰羊，鼓乐祭拜。六十岁以上耆老，及有科名出身，或学校毕业者，均得分胙肉。家户以糯米粉制圆，外擂红糖豆沙粉，名"冬至圆"。有"冬至大如年"之称。

十二月

腊月二十四 送灶神，至除夕迎回。这天家家进行大扫除，准备过年，所谓"廿四掸蓬壅，廿五送长工。"家家以田事告成，商家以营业结束，准备年货过年。

谢 年　腊月以米粉制为豚首蹄胳之属，及制为糕，谓之"水浸糕"，择日备牲醴祭太岁神，谓之谢年。

腊月期间，以米粉制糕，放置两三天待糕皮半干后，放入清水中保存，称"年糕"或"水浸糕"；又以糯米蒸熟捣烂成大盘饼，称"麻糍"，切开后也放入水中保存。俗称"做糕做麻糍"，供日后慢慢享用。

除 夕　又称"除夜""年夜"。是夕阖家团聚吃"年夜饭"，又叫"团圆饭"，此餐十分丰盛，鸡鸭鱼肉样样俱全，饮年夜酒。还多煮饭盛饭箩中，取一年有余之意。关门前要燃放"关门炮仗"，表示送旧岁。房间里点灯达旦（现多在门口灯笼里亮电灯代之），谓之守岁，迎新年到来。家长以钱财分散子弟仆婢，谓之"压岁钱"。

礼仪习俗

婚 嫁

送八字　旧时青年男女婚嫁凭"父母之命，媒妁之言"，强调"门当户对"，女家应允后，则将女方出生年月时辰，书写在红纸上（即八字），送往男家，俗称"送八字"。此俗已淡化。

踏 亲　"合八字"之后，男女两家认为满意，约定日期，由女家与媒人一道去男家相亲，然后男家亦同样去女家观察，称"踏亲"。如无大问题，亲事定局。

小 定　男家去女家"踏亲"时，女家备点心招待，男家认为满意，欣然就食，并放下银元或戒指馈赠女家，以为定婚证据，名"小定"，即所谓"纳彩"，男方婚姻成立。

大 定　小定后，再定日期，由媒人把女方命纸送与男家，表示愿意许配。男家即以聘金、首饰、衣料及红柬二帙，上写"恳吉"二字，与女方命纸，选择黄道吉日送到女家。女家答柬写"允吉"

谢年供桌

二字，送加男方。此为"送定头"或"纳聘""纳吉"。

启　帖　又名送日子，由男方择定婚期，于婚期前一年或数月，启帖送日子。在红纸帖上写"敬请星期"，连同礼品和日子钱送往女家，女家答帖上写"谨遵台命"。礼品、日子钱比定金多数倍。男家送往女家的礼品，称"尺头"。女家向男家索取绸缎，谓"讨尺头"。女家以"尺头"和日子钱多少决定陪嫁物品。

聚头盒　男家于婚期前三日，送花粉、彩线、各种食物至女家，为新娘开面梳头打扮用，谓"聚头钱"。

嫁　妆　女家预备四季衣服、被铺、家庭用具、首饰等作嫁妆，于婚前一日开具清单，请媒人送男方派人搬运。当夜男家款宴媒人及亲戚执事等人，谓"暖房"，俗称"闹房"。贫穷人家从简。

旧时嫁妆有十扛十担、五扛五担、三扛三担等档次，此俗已改变。

传统婚礼泥塑

迎娶　旧时，结婚之日，男家挂灯结彩，用彩轿、红灯、族伞及鼓乐迎亲。女家中午设宴送女，下午迎至男家。迎娶仪仗，普通均用旗锣伞及鼓乐前导，新娘凤冠霞帔，拜别父母，坐四人抬彩轿。家境次之则仅彩舆一乘，鼓吹一班；大户家庭，旗伞鼓等均用双副，并添彩牌若干对。父兄有职位的，再列衔牌。民国之后，更有用军乐，以十余岁童子一人，乘马前导，名为"顶马官"：彩轿之后，并随保卫团丁一队。男家以衔牌团丁往迎的，女家亦必相应以衔片团丁回送。一路鼓乐、唢呐、丝竹，并用铁炮三铳，为前导。

二十世纪五十年代之后，迎娶仪仗已废，新娘由伴姑2人（或4人）相送，一道步行至男家。八十年代后，流行面包车、轿车迎送。现今，大多以高级轿车排成长队迎送，不用鼓乐，只用礼炮。

结婚　新娘花轿进门时，鼓乐炮仗齐鸣，由伴姑扶出新娘，伴郎扶出新郎，行结婚礼。礼毕，摆宴，叫"正场酒"，由伴姑引新娘进入洞房。新婚之夜，亲朋可潜将洞房取出向新郎新娘索取烟、糖、红蛋，谓之"闹洞房"。贫苦人家礼仪大同小异，但仪式、酒席从简。

回娘家　婚后三日，新娘回娘家见父母，新娘陪同拜见岳父母。

送节　婚后逢节日，在除夕、端午、中秋之前，男家须送节礼。以除夕最丰，谓"送年夜"，女家亦有回礼。送礼年份，俗有"一年扛，二年担，三年挈，四年歇"之谚。

移风易俗　二十世纪三四十年代，提倡自由恋爱、婚姻自主，

城镇商界、学界风行"文明结婚"。中华人民共和国成立后贯彻《婚姻法》，实施婚姻自由，旧式不合理的结婚习俗已废。

寿庆 丧葬

寿 庆 旧时，年至六十以上做寿。每年做小寿，逢十做大寿。富家寿庆，设寿堂、悬寿幛、点寿烛。亲戚朋友送寿屏或寿联、寿烛、寿酒、寿面、寿桃、爆竹等。寿翁夫妇先拜天地祖宗，后依次受家族、来宾祝拜，下辈跪拜，亲友鞠躬，寿翁子辈于旁答礼。寿宴吃"长寿面"。平民小户寿庆，亲朋团聚小酌，无繁琐礼仪。20世纪50年代后基本不做。21世纪后逐渐恢复，一般子女办宴为长辈庆寿。

丧 葬 病人弥留之际，家属到场送终。人死后梳洗更衣，择期棺殓。将死讯分告亲友。去路旁烧毁死者用过草席等物品，谓"烧茭毡灰"。家人披麻戴孝，当夜设灵堂，请僧道做法事，超度亡灵。亲戚做衾送给死者，随殓入棺。棺中先放木灰、草纸、灯草等，然后用衾裹尸入棺。出丧时幡幛引路，子女扶杠，亲人号哭，沿路鸣锣放爆竹，过桥前停杠，子女擎香跪拜，棺材过桥后子女起身随行。入厝时，孝子绕坟三匝。然后手捧牌位，撑开雨伞不回头回家。安葬后当晚，宴请亲友及扛棺等执事人，谓"落山酒"。葬后第三日上坟祭奠，第7天至第49天，每隔7天之夜一祭，谓"做七"。死后第二年正月初二至初四祭奠，谓"接纸"，亲朋上门吊唁。周年设祭。3年满孝，除孝服，撤牌位，再请僧道超度亡灵。20世纪60年代后，丧事变化，以追悼会、遗像、花圈挽联、黑

纱白花代替旧习，服孝时间缩短。七八十年代攀比葬礼，军乐演奏，鞭炮震天，人们争相观望。21世纪后，明令禁止。提倡从简治葬。

造新房上梁风俗

过去造新房上梁的风俗很讲究，上梁时，亲友带礼品前来贺喜。上梁仪式结束后，吃上梁酒，一方面请泥水、木匠，一方面请亲友，热闹极了。

所谓"上梁"是上"正梁"。动土建房要择"好日子"，上梁也要选择吉日良辰。上梁仪式开始时，放鞭炮，泥水、木匠的两个当头师傅从两旁步步登上高梯。边上边唱上梁诗：

脚踏云梯步步高，新造高楼接云霄；上梯一步高一步，下梯步步后来高；小姐要上绣花楼，官官要上读书楼；读得书来识得字，三鼎甲里中头名。

泥水、木匠头当师傅上到屋顶，接着又唱：

南山顶上一枝松，摇头摆尾像金龙，

问你为啥身不动，上头还缺"掼梁红"。

所谓"掼梁红"，是在正梁正中环挂一方红布，以示吉庆。唱到这里，就要把红布挂上。唱了上面，再唱下面，正厅当中设方桌，供摆杀净的雄鸡和年糕做的"上梁元宝"等供品。鸡嘴里衔着整根的葱、韭、蒜，尾巴上留着几根长鸡毛。唱曰：

一只雄鸡喔喔啼，里面骨头外面皮，前头衔着葱韭蒜，后头扯起顺风旗。

长街文史

到搁在屋顶上的正梁落榫时，泥水、木匠当头师傅也把房主事先准备好在米斗里的米、麦、银角子、铜板等物倒下来，房主夫妻在地上扯着被面子，把倒下来的东西接住，曰："接财宝"。那个米斗，美其名曰"金斗"。

"接财宝"后，把桌上供着的"上梁元宝"染成红色的小木榔头和果品等送上屋顶四处抛送，让小孩子们争抢，是上梁仪式中最后也是最热闹的场面。

新屋上梁

"上梁元宝"也是一种民间艺术品，把湿米粉蒸熟，揉成年糕料而制作如塔形，用许多元宝形的年糕粘叠在一起。在顶端塑有龙、凤、麒麟等小塑像，色彩鲜丽，栩栩如生。说是恭请鲁班先师，实是供人观赏、娱乐。这种上梁元宝的制作，称为"粉作"。龙凤，是"龙凤呈祥"，麒麟，是"麒麟送子"。好寓意，讨吉利。

千秋名共鹭河留

——长街红色文化——

千秋名共鹭河留——长街红色文化

1921 年 7 月，南湖红船上，伟大的中国共产党诞生了！她就像一支在暗夜中点燃的火炬，星星点点的革命火种随着马克思主义的春风飘向神州大地，全国各地党的地方组织如雨后春笋般建立，从此，中国革命进入了崭新的阶段。

1923 年，曾参加五四运动的革命知识分子崔真吾来黄岩县立中学任教，订阅《新青年》《湘江评论》等进步刊物，向学生宣传新文化和马列主义，指导、组织进步学生成立"共新学社"，出版"共新"半月刊，并向路桥、新桥等地学校寄发，使许多学生、老师得到新思想的熏陶。古老的路桥十里长街也渐渐激发了革命的基因，蓬勃的红色血脉开始在南官河畔跳动。

药业风云——路桥药业工人大罢工

民国初期，十里长街东岳庙周边热闹繁华，百

铺林立，而其中，药材行是较大的行当，各类药材贩至台州各县，远通数州，形成了一个商圈。当时镇上有六家药店，最大的就是东岳庙右首的"泰昌药栈"，老板张献庭，时任路桥商会会长。财大气粗，把持行业，对店员却很苛刻，底层店员都敢怒不敢言。

1927年春，北伐军占领浙江，在"打倒军阀除列强"的口号下，各地工农运动风起云涌，蓬勃发展。台州的临海、黄岩、海门、温岭等地纷纷成立各个行业工会和农民协会。此时，以国民党特派员为掩护身份的中共党员汪维恒来路桥组建国民党党部，吸收了林泗斋、王宝珩、金毅成、黄雷、陈叔亮、王松江等左派人士，组成国民党路桥区党部，执行国共合作的政策。

负责工人运动的林泗斋把目光投向了他所熟悉的路桥药业，对深受剥削的药业店员饱含同情，在他的指导发动下，药业店员们第一次团结在一起，成立自己的工会组织。经过紧张的筹备，于1927年3月在明德小学（此时暂借东岳庙后厢二三楼教学）举行路桥药业店员工会成立大会。到会的药业工人代表40余人，代表了路桥、白枫桥、横街、金清、洪家、长浦、竿蓬等地的药业工人。黄雷、林泗斋、金毅成等到会讲话，阐明组织工会的意义，号召工人们团结起来，跟资本家作斗争，争取加薪改善生活。大会选举了陈桂芳（后在罢工斗争中被资方收买）、王佩瑗、马仁孚、王丽生、范秀衡、陈益智、陈伯琴等八人组成工会执行委员。会上，一致通过了工会章程和要求加薪的决议，决定工会会址借设东岳庙楼上。

工会成立后，于4月份代表店员向路桥6家药店资方提出增加工资、延长休假的要求。通过谈判，在工会及区党部的压力下，资方被迫接受全部条件，由宁波人孙龙翔作为中间人，当场签订协议，规定5月份起实行。

正当斗争取得初步胜利时，政治形势出现逆转，风云突变。上海发生了"四一二反革命政变"，大量工人运动领袖被杀害。4

路桥药业店员工会与区党部委员合影

月下旬，张献庭从上海回来，得知药店与工会签订了加薪增假协议，就通过儿子公开发表声明，说协议上没有他亲手签字，根本无效。其他各药店老板也跟着纷纷撕毁协议。在此情况下，工会召开会员大会，决定先礼后兵，要求县里仲裁解决，同时发动宣传，争取社会同情，请求声援。但是，因为官商勾结，三次仲裁均无结果，而此时，林泗斋已经秘密加入中国共产党，在他的指导下，工会决定进行罢工。同时印发《罢工通告》《请愿书》等，向各界呼吁。

7月11日，罢工开始了。这天早饭后，路桥6家药店36名职工携带铺盖到东岳庙集合。由王佩瑗作了一番动员后，罢工队伍手执纸旗出发，到县里请愿。一路上，工人们高呼"打倒资本家和土豪劣绅""店员团结起来，为职工谋福利""资方必须遵守诺言"等口号。中午时分，罢工队伍到达黄岩城区，强烈要求县党部、县政府督促资方履行协议，并表示不达目的誓不复工的决心。面对群情激愤的罢工队伍，县长派秘书答复：此次劳资纠纷已呈报省政府解决，听候批示。请愿队伍于当天返回路桥。

资方接到仲裁书不得不遵照执行，罢工提出的条件基本上得到了满足。这次罢工运用合法斗争方式，坚持半年，后期又得到共产党组织的指导，终于取得了胜利。

如今，九十多年过去了，当年的风云早已消散，十里长街的东岳庙几经翻修，更是雕梁画栋，美轮美奂。庙门口那块"路桥

长街文史

药业店员工会旧址"的石碑，仍然向后人述说着那段鲜红的革命岁月。历史证明，红色的种子在路桥这块地方生根发芽，长成参天大树并不是偶然的，正是以林泗斋为代表的革命者们以一腔热血融于底层大众，才提供了丰沃的土壤。

小木年毛巾厂——中共路桥区委诞生地

民国时期，黄岩的工商业大多集中在路桥镇。工业以棉织业为主。小木年毛巾厂是路桥街最早出现的织物厂，位于山水泾口。

1928 年 2 月，在林泗斋等中共党员的指导下，中共路桥区委在三水泾口小木年毛巾厂成立，首届中共路桥区委由叶勉秀、蔡永芳、於云亭、李普福、苏质文等委员组成，叶勉秀任书记，管辖路桥、新桥等地的多个支部，这是中共在路桥建立的第一个区级党组织。至 5 月，路桥的党组织已从原有的 2 个支部迅速发展到 20 个支部（党、团合编），党、团员 140 多人（另一种说法为160 多人）。

其中，路桥十里长街及周边建有九个支部：明德小学（书记蔡恺）、河西（书记蔡永芳）、后蔡后於（书记於云亭）、话月巷（书记黄杰）、下宅於（书记於晋堂）、台头卖芝桥（书记金玉珍）、田洋王（书记张桂二）、后洋洪（书记李普福）、后洋张（书记贡杰），党团员近 70 人。

浙江省文化界抗敌协会黄岩分会

浙江省文化界抗敌协会黄岩分会成立于 1937 年 11 月。主要成员有林卓、林牧夫、周思远、叶中、胡衷谅、尤伯翔、郑子缉、

沈学言、郏国森、周汉伟、卢英逊、牟同齐、林国人、吴汶、刘显启、罗益林、管听石、柯傲远、陈介六、金匡鉴等。地点设路桥，利用文化艺术宣传抗日救国。翌年4月，被国民党黄岩县党部勒令取缔。

温台沿海护航委员会

　　抗日战争中后期，日本海军封锁我浙东沿海，迫使各盗匪无法继续活动海上，纷纷退避到温州、台州一带近海岛屿上隐藏，伺机出海抢劫。日寇也曾企图胁诱各帮海盗，接受改编，为侵扰浙东的前驱鹰犬。浙东各县，多数沦陷，仅台州地区，虽数遭日军登陆袭扰而未被占领。有人建议为了顺应地方情势，应采行"收匪抗敌"政策，借收编海盗成立海上游击队，以靖海疆，并增强海防力量。案经呈报省府，奉主席黄绍竑核准实施。

　　民国三十二年（1943），"浙江省温台沿海护航委员会"在路桥十里长街成立，积极展开抚编海盗工作，各县渔业区所在地均分设护航分会。护航队在抗战期间打破日军海上封锁取得了诸多战绩，其中以包围误降台州湾的日本海军中将山县政乡，迫使其自杀的战果最为有名。抗战胜利后，护航委员会也奉令裁撤。

中共椒路工委与椒南工委

　　1945年春，台属地区党的联络工作负责人许少春和临海、三门、黄岩联络员应为民到黄岩路桥，与抗战时期老党员郏国森取得联系，经过考察和上级批准，于1946年4月恢复郏国森的党籍。此后，应为民和郏国森在路桥、金清、海门一带活动。

椒路工委成立地

1947年1月，中共上海分局决定成立中共浙东工作委员会，刘清扬为工委书记。1947年2月，浙东工委在宁海县白岭根村召开会议（"梅花村会议"），宣布成立中共台属工作委员会，由邵明任书记，许少春任副书记。

1947年4月，台属工委为统一领导黄岩东部地区分散的党员（约20余人），有利于开展以海门、路桥为中心的椒江以南地区的工作，决定建立中共椒路工作委员会。6月，台属工委派临海中心县委委员应为民到路桥指导工作，召集郏国森、周伯酉、毛贤友三人在一利酿造厂开会，正式成立中共椒路工委，指派郏国森任书记，周伯酉为组织委员，毛贤友为宣传委员。工委机关设在路桥。会议研究确定了椒路工委的工作重点是：发展党员，开展"三反三抗"（即反内战、反饥饿、反迫害，抗丁、抗粮、抗税）运动。1948年12月，台属工委根据形势的发展，为扩大工作范围，决定将椒路工委改组为椒南工委，由郏国森担任书记兼组织委员，徐德为宣传兼民运委员。工委成立以后，领导开展了防暴反贪斗争。

路中学生抗暴反贪斗争

1948年10月，在路桥发生了路桥中学学生反对军警暴行的斗争。驻路桥的县自卫总队第三独立分队士兵在长街上压价强买鲜鱼，欺凌贫苦的渔民，几个学生路见不平，上前劝阻，遭到反

动军警的殴打，还抓去一个学生，激起了全校师生的愤怒。在地下党和进步教师的领导下，全体学生罢课，一拥而出，包围队部，提出立即释放学生和惩凶道歉的要求。自卫队鸣枪恫吓，学生不畏强暴，坚持斗争不分散。路桥镇长不分是非，责备学生闹事，妨碍社会秩序，被激怒的学生高呼打倒反动派、保障人权的口号。镇长感觉形势严重，因此改变态度，进行调解，迫使队部放回学生，禁闭凶手。同年冬，路中学生自治会发动了反贪污斗争，揭发校长陈肆三勾结董事长徐聘耕盗卖学校木材，并贪污学生膳食费，迫使学校董事会撤换了校长。

女声社

1947 年至 1949 年间，在黄岩党组织的领导下，路中学生中的几个群众组织如怒涛社、新生代社、女声社、女声歌咏队在反内战、反饥饿、反迫害、迎接路桥解放斗争中，十分活跃。其中女声社较为突出。

女声社全部由女生组成。有 50 人左右，主要负责人有杨正言、王天娟、王韵琴、林荷香、黄婉仙等。在路桥中学进步教师和望吾小学翁素瑾校长的支持下，以路中与望吾小学为活动阵地，先是以墙报形式刊出一些揭露国民党黑暗腐败、唤起妇女觉醒的文章，并针锋相对地驳斥为反动校方服务的《男声》专栏的反动文章。在笔战中，《女声》取得了绝对胜利。

1948 年年底，党组织指示将《女声》墙报改为《女声》杂志社，又有朱彩玲、熊玉珍、杜艳斐、陈桂秀、邵莲芬等参加，队伍扩大到三十多人，其主要任务是宣传党的政策，为解放路桥作舆论准备，在学生中起到了良好的作用。

女声社还动员女生捐款办"生活书社"，出售进步书籍，书社

长街文史

开在菜场旁刘治雄家。由吴翼掌负责，并把书社作为开会、联络、活动的秘密场所，常在书社书写好标语，秘密出去张贴。书社曾在路桥民教馆举办书展。

解放后，在女声社的基础上成立了路桥妇联。

路桥革命进步报刊

民国时期，路桥进步人士在中共地下党的领导下，刊行了许多进步报刊，向群众宣传革命先进理论和时事信息。

1934 年 4 月，《台州导报》在路桥树桥头创报，主要刊登新闻和广告，该报称有三大目标：1. 国家至上，民族至上；2. 军事至上，胜利至上；3. 意志集中，力量集中。在路桥出版 221 期后，迁至海门小山头。1939 年 1 月，李洁天在海门创办半月刊《力行》，第 7 期后迁

解放战争时期在路桥散发的
进步报纸、宣传小册

路桥，共刊行 16 期，这是一份宣传抗日的综合性刊物，另办有《力行》剧团，随杂志一起迁至路桥，演出进步剧目，1940 年 8 月停刊。1939 年 12 月，戴华、陈跃亚在路桥青年服务社创办《怒潮》日报，主要刊登新闻，并设有文艺副刊，刊行 300 多期，每期发行 600 份。1940 年 7 月，台州旅沪同学会假期回乡团在路桥编辑油印小报《台州三日刊》，共出版 5 期，内容涉及新闻、文艺、消息等，与《力行》剧团一同演出《阿 Q 正传》，编辑《阿 Q》剧专刊。1946 年夏，毛贤友与周伯茜、周承训、陶萍天等五人成立读书会，阅读进步

书籍，会址设路桥小学，下设歌咏、戏剧等组，刊印《读书通讯》《儿童报》，并秘密翻印散发《新民主主义论》。1948 年 9 月，路中学生王天娟等组织怒涛社，刊出墙报，发表《论成王败寇》《哭钞票》《妇女们的道路》等，与女声社一起成为路中两大进步学生团体。

路桥解放

1949 年 4 月 21 日，中国人民解放军强渡长江，23 日占领南京，国民党反动统治宣告覆灭。椒南工委根据党的军事打击与政治争取相结合的方针，于 1949 年 4 月下旬在西山乡农场召开会议，布置对敌策反工作，并在黄岩城内设立秘密机关，进行策反活动。经谈判，黄岩县参议长朱劼成与县长朱焯同意起义。

5 月 28 日，浙南部队发起解放温岭县的战斗，即要向黄岩进军时，椒南工委立即连夜派出地下团员徐中等人冒雨将起义通知赶送至城内联络点。黄岩前县长朱焯接信后于次日凌晨率部起义，俘获新任县长袁悟农，宣告黄岩县城和平解放。

1949 年 5 月 30 日，浙南游击纵队三支队二大队大队长吴圣朴率领四中队和五中队的一个分队，由温岭开进路桥。大队部进驻路桥商会，各中队分别进入镇公所和警察所，收缴了全部武器。戴大夫率领民兵，收缴路桥、新桥、泽国乡公所和地主枪支数百条，路桥宣告解放。

当浙南游击队行进路桥商会驻地途中，经过十里长街卖芝桥头时，路桥中学团员青年敲锣打

浙南游击纵队三支队在行进中

鼓、高呼口号，列队欢迎，女声社组织女同学载歌载舞，气氛热烈。路桥群众自发设立茶水站，慰问游击队战士。31 日上午，周丕振率 800 余人进驻黄岩县城。

杨家部队

新中国成立后，杨晨故居收归国有。1955 年，解放一江山岛战役打响，杨晨故居入驻参战的中国人民解放军海军东海舰队高炮五团（海五团）团部，同时用作战时医院，接收前线下来的伤员。此后，这里一直作为部队驻地，路桥群众称之为杨家部队。部队拱形大门开向现银座街一侧，杨家台门成为其后门。高炮五团在一江山岛战役、抗美援朝和抗美援越等战争中都立有显赫战功。八十年代后期，因裁军改革，"海五团"被裁，光荣结束其驻长街三十多年的历史。

后 记

如果说，本丛书中的《长街诗歌》《长街故事》《长街美食》，就像给十里长街从三个角度画了三幅特写，《长街文史》无疑是给十里长街画一张全身像。

路桥人对十里长街的热情和执念是历久弥坚的，在本书之前，已经有不少专门书写十里长街的书籍，远如先贤杨晨的《路桥志略》，近如罗河笙主编的《路桥文化遗产系列丛书·十里长街》，庄向娟的《水一边，街一边》，管彦达的《千年古镇——路桥十里长街》等等，都是其中非常有价值的作品。郑九婵、潘方地、罗德富等老师编著的路桥文史著作里，也都或多或少涉及十里长街的历史文化，留下许多宝贵的资料。所以，当长街办阮文忠主任提出要编写一本全面反映十里长街文史的想法时，我们是有比较大的压力的。但同时，十里长街正在迎来新生，高品质步行街（一期）已经开街，十里长街文化被列入首批浙江文化标识培育项目，使得这项工作变得十分重要和急迫。

我们在梳理十里长街历史文化脉络的同时，又深入挖掘了不少文史资料，形成全书篇章架构，分别从南官河、市井掠影、名胜古迹、望族民居、历史名人、非遗采撷、民俗风情、红色文化八个方面书写十里长街文史。本书偏向于普及性读物，故采取了比较轻松的条目形式，图文并茂。希望读者能跟随本书的脚步，在长街千年历史中穿行游览，从而领略长街丰富的人文内涵，重新认识老街。

在编写过程中，得到了许多个人和单位的帮助，感谢编委会领导的全力支持，感谢蔡啸、王宗元、蔡小法、陈伟滨、夏发青等先生在策划会上提出真知灼见，张崇生和陈建国两位摄影家贡献了大量长街摄影作品，也感谢区图书馆、博物馆、档案馆、党史办、非遗中心提供历史图片。

因编者水平有限，本书中可能存在一些错漏之处，敬请广大读者指正，以便将来修订。

编者

二〇二四年十二月

参考文献

《路桥志略》杨晨（清）编纂

《路桥文化遗产系列丛书--路桥十里长街》罗河笙主编 西泠印社出版社

《路桥文化遗产概览》潘方地主编 中国文史出版社《千年古镇--路桥十里长街》管彦达编 团结出版社

《路桥札记》郑九蝉 编著《黄岩革命（进步）文化史料汇编》浙江省黄岩市文化局编

《路桥区志》台州市路桥区地方志编纂委员会浙江人民出版社

部分历史照片由区图书馆、区博物馆、区档案馆、区党史办、区非遗保护中心提供